KB008321

동주, 걷다

## 일러두기

1. 본문에 인용한 동주의 시는 '윤동주기념사업회' 홈페이지 '작품감상'에서 제공하는 현대어 번역입니다. 원문도 함께 수록돼 있으니 참고하시기 바랍니다.

2. 본 도서에 수록된 시, 증언이나 문장은 그대로 인용하는 것을 원칙으로 하며 맞춤법을 적용하지 않습니다.

3. 본문에 인용한 동주의 시는 'GS칼텍스 독립서체 캠페인' 중 하나인 독립서체 윤동주 폰트를 사용하였습니다.

# 동주, 걷다

김태빈 지음

# 동주와 함께 걷다

교토 사람들은 봄가을을 만끽하는 대신 여름과 겨울은 체념한단다. 교토의 동주는 그러나 벚꽃 흐드러진 봄에도, 단풍 짙은 가을에도 절망했으리라. 그 교토에 동주를 기리는 시비가 세 개나 세워졌다. 하지만 흔쾌한 화해까지는 아직 갈 길이 멀다. 교토에 산재한 조선 침략과 식민지 착취의 현장은 역사적 의미가 잊힌 채 교토 사람들의 일상에 묻혀 있다.

도쿄에서는 동주의 마지막 시를 만난다. 동주는 도쿄에서 「봄」을 완성해 벗에게 보냈으나 우리에겐 미완으로 남았다. 지금도 한일 간의 봄은 아득하다. 도쿄 답사 때 일이다. 답사 차량의 단체명은 '독립운동 알리기 운동본부'에서 '알리기 운동본부'로, 최종적으론 '운동본부'로 쪼그라들었다.

후쿠오카에서 동주를 생각할 때면 늘 몽규도 함께 떠올렸다. 둘은 '같은 해 같은 집에서 태어나 같은 해 같은 감옥에서 죽었다.' 문학의 길에서 벗어나지 않았던 동주와 달리 몽규는 한때 무장투쟁에 투신했다. 몽규의 용기가 두 사람을 후쿠오카에 갇히게 했더라도, 그것을 탓할 순 없다.

중국 명동과 룽징은 한국인에게 동주로 기억된다. 그럴 일이 아닌데도 동주는 망국 시기 북간도 민족운동의 상징이 되어 버렸다. 그러나 이곳은 나라가 망하고 생존이 절박한 때에도 민족과 문학을 사랑할 줄 아는 청년으로 동주와 벗들을 키워 낸 땅으로 기억돼야 한다. 별이 됐다면 북간도 밤하늘에 떠 있을 동주도 그걸 원하리라.

9,873일을 살다 간 동주의 가장 빛나는 시기는 서울 연희전문 시절일 것이라 나는 짐작한다. 세상은 중일전쟁에서 태평양전쟁으로 미쳐 돌아갔지만, 연전 시절 동주의 글은 습작을 벗어났고 모태신앙까지도 회의할 만큼 지성은 단단해졌다. 서울의 동주는 자신을 '신념이 깊은 의젓한 양'으로 키워 갔다.

부끄럽지 않고 슬프고 아름답기 한이 없는 시를 쓴 동주를 공부하며 나는 부끄러움은 잊지 않되 자조에 빠지지 않으려 노력했다. 동주는 또한 머리가 아니라 몸으로, 심지어 '세포 사이마다 간직해' 몇 줄의 글을 겨우 얻었다고 했다. 동주의 그 곡진함 또한 잊지 않고자 했다.

동주를 걷는 길에 많은 분의 도움이 있었다. 귀한 육필 원고를 제공해 주신 동주의 장조카 윤인석 교수님, 북간도 동주의 공간을 속속들이 안내해 주고 사진을 제공해 주신 박청산 선생님, 동주 일본 시집을 구해 주고 시를 번역해 준 제자 수현, 그리고 동주를 걷는 길에 동행한 분들께 감사의 마음을 전한다.

너무 늦지 않게, 아들 인우와 함께 동주를 따라 걷고 싶다.

2020. 10.

김태빈

◆ 차 례

# 1장

천년 고도에서
청년 동주를 만나다

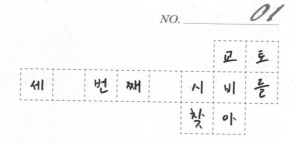

## 기억과 화해의 비

드디어, 소식이 왔다! 일본 교토에 세 번째 동주 시비가 세워진단다. 제막식이 열린 2017년은 동주 탄생 100주년이 되는 해다. '記憶と和解の碑(기억과 화해의 비)'로 명명된 시비에는 「새로운 길」이 새겨졌다. 동주가 고향을 떠나 서울에서 공부를 시작할 때 쓴 시다.

십여 년 전 이미 만들어진 시비는 그 뜻이 웅숭깊다. 세로로 선 두 개의 기둥 중 앞으로 나온 것은 한국 돌로 만든 것이고, 뒤로 물러선 것은 일본 돌이다. 그리고 두 기둥이 받치고 있는 둥근 기둥은 동주를 상징한다. 동주東柱 이름의 '기둥 주柱'를 염두에 둔 것이다.

제막식에 참석한 한국인과 일본인들은 특별한 노래를 불렀다. 「아리랑」이

● 교토 우지, 기억과 화해의 비

다. 이 노래가 한민족을 대표하는 노래여서일까. 더 곡진한 뜻이 있다. 시비가
세워진 인근에서 동주가 '민족의 노래'를 불렀던 적이 있기 때문이다. 도쿄에
서 윤동주 기념 모임을 이끄는 야나기하라 야스코 여사는 그래서 이런 시를
쓴 적이 있다.

> 청년이 우지宇治 강가에서 아리랑을 노래했다
> 겨울날의 양지와도 같은 지난날
>
> 급우들이 베풀어 준 송별의 피크닉
> 망설임 없이 불렀던 민족의 노래 아리랑
> 마음은 먼 고향으로 달려간다

• 앞줄 왼쪽 두 번째가 동주다. 사진 찍은 장소를 기억해 낸 이는 동주 오른쪽 여학생 사와타 하루코, 사진을 보관하고 있던 이는 그 옆 여학생 무라카미 마리코다.


바다 건너편 북간도에는 늦봄을 맞아
꽃들이 자랑스레 피고 있었을 게다


아리랑 아리랑 아라리요
아리랑 고개를 넘어간다


세 번째 시비가 교토 남쪽 휴양지 우지 강변에 세워진 이유는 이러하다. 태평양전쟁이 확대되면서 식민지 조선 출신 동주는 일본에서의 학업이 불가능해진다. 귀향을 준비하던 동주는 어쩌면 마지막이 될지도 모를 소풍을 학과 친구들과 함께 이곳 우지로 온다.

냇가에서 밥도 해 먹고 놀던 그들은 동주에게 노래를 청한다. 「아리랑」에

이어 동주가 부른 노래는 흑인 노예가 고향을 그리워하는 내용의 미국 민요 「내 고향으로 날 보내 주오(Carry me back to old Virginny)」였다. 이 노래는 고향에서 동생들과 합창하던 곡이다.

흔적도 없이 사라지는 음성이 아쉬웠을까. 친구들은 근처 아마가세다리에서 사진을 한 장 찍는다. 살아생전 동주의 마지막 사진이다. 마지막이라지만 교복을 입은 동주는 겨우 스물일곱 청년이었다. 약 1년 반 후 동주는 후쿠오카형무소에서 죽었다.

아마가세다리는 교각이 없다. 자기 존재를 튼튼히 받쳐 줄 다리와도 같은 조국을 잃어버린 청년이 그곳에서 위태롭게 마지막 사진을 찍었다고 이야기해 준 이는 동주의 장조카 윤인석 교수다. 우지 소풍 직후인 1943년 7월 14일, 동주는 일제 특별고등경찰에 체포된다.

동주의 첫 사진은 고향에서의 명동소학 졸업 사진이다. 마지막 사진은 타국 일본의 도시샤대학 교복을 입은 채로 찍었다. 동주는 일생 배우다 갔다. 배움 그 자체가 목적이라고도 하지만, 배움은 더 큰 일을 하기 위한 준비고 수단이다. 아마가세다리에서 오래 마음이 무너진 이유다.


## 나의 길은 언제나 새로운 길

2018년 1월 나는 동주를 사랑하는 이들과 함께 우지를 찾았다. '바른 역사를 생각하는 교사 모임'이라는 단체를 급조해서다. 우지 동주 시비에 대한 설명을 부탁한 분의 단호한 요구 때문이었다. 그분이 몇몇 한국인의 무례함에 적잖게 상처를 받았다는 사실은 나중에야 알았다.

우리는 우지역 광장에서 만나기로 했다. 왜냐하면 동주도 도시샤대학 친구들과 이곳에서 우지 소풍을 시작했기 때문이다. 시인 윤동주 기념비 건립위원회 사무국장 곤타니 노부코 여사를 비롯한 몇 분이 우리를 환대해 주었다. 우리는 겨울 오후 햇살을 받으며 세 번째 시비가 세워진 곳으로 갔다.

답사 참가자 중에서 가장 어린 초등학생 미르가 동주의 시 몇 편을 암송했다. 그리고 우리는 헌화하고 묵념했다. 곤타니 노부코 여사는 세 번째 시비를 세우기까지 12년의 세월을 하나도 빠짐없이 이야기해 주었다. 표정에서 그 절절함을 읽을 수 있었다. 통역을 통해 설명을 들어야 하니 더뎠지만, 누구도 불퉁거리지 않았다.

뜻하지 않게 우리 답사팀을 기다리는 다른 이들도 있었다. 교토시와 우지시 신문사 세 곳에서 취재를 나온 것이다. 통역을 통해야 하니 역시 번거로웠지만 나는 최선을 다해 우리 답사의 의미를 설명했다.

시비의 이름이 '기억과 화해의 비'다. 화해는 과거를 있는 그대로 기억하

● 아마가세다리

고 인정하는 것으로부터 가능하다. 한국과 일본 두 나라가 과거의 불행에 붙들리지 말고 더 나은 앞날을 함께 준비하면 좋겠다. 그것이 동주가 '나의 길은 언제나 새로운 길'이라고 노래한 '새로운 길'의 본뜻이 아니겠는가.

그리고 우리는 그토록 서보고, 건너 보고, 사진 찍어 보고 싶던 아마가세다리로 갔다. 떨어지는 눈물을 훔치지도 못한 채 준비해 간 국화를 우지강으로 던졌다. 동주 시비를 참배하러 왔다고 하니 꽃값을 할인해 주었던 꽃집 주인아주머니, 그녀 또한 동주를 알고 있다고 했다.

우리는 동주가 75년 전 친구들과 함께 섰던 그곳에 섰다. 너무도 빛나고 푸르러 더욱 서러운 그의 청춘을 들고 우리는 사진을 찍었다. 사전 답사를 위해

● 동주 사진을 들고 있는 분이 곤타니 노부코 여사다.

며칠 전에 이곳에 왔던 나는 두 번째 답사 때도 고개를 들 수 없었다. 나지막
이 동주의 「아리랑」이 들리는 듯했다.


## 봉황당과 이왕가박물관

우지는 교토 남쪽에 위치한다. Y자로 흐르던 가모강과 합쳐진 우지강은 계속
남하해 오사카를 거쳐 세토 내해로 들어간다. 그래서 이곳은 예로부터 교통
의 요지이면서 풍광이 아름다워 귀족들의 별장지로 유명했단다.

곤타니 노부코 여사의 추정에 따르면 동주와 친구들은 게이한선 우지역에
서 내렸다. 다리를 건너 지금의 우지공원에 들렀다 뵤도인平等院을 구경했다.
이곳은 우지뿐만 아니라 일본을 대표하는 곳으로 유네스코 세계유산에 등재

● 뵤도인 봉황당

돼 있다.

　뵤도인의 명성은 동주가 방문하기 훨씬 전부터 대단했다. 이곳이 세워진
지 얼마 되지 않은 12세기에 이런 동요가 널리 불렸다 한다. '극락이 의심스
러우면 우지의 어당御堂을 찾아가 보
아라. 극락이 어떤 곳인가 궁금하다면
우지의 어당을 가보아라.'

　어당은 뵤도인의 상징과도 같은 건
물로 건물의 용마루 양 끝, 치미 자리
엔 청동으로 만든 한 쌍의 봉황이 앉
아 있다. 그래서 이 건물은 봉황당으
로도 불린다. 일본 동전 뒷면에는 벗

● 이왕가박물관

꽃과 국화 같은 식물이 새겨져 있는데, 유일한 예외가 10엔짜리다. 여기에 새겨진 것이 봉황당이다.

그런데 일본의 대표적인 문화유산에서 우리는 식민지 '유산'을 발견한다. 대한제국이 망하기 직전 제실박물관帝室博物館으로 설계되었지만, 망국 이후 이왕가박물관으로 격하돼 준공된 건물이 봉황당을 본떠 만들어졌기 때문이다.

이 건물은 창경궁 전각 중에서도 가장 높은 곳에 위치했다. 원래 이곳에는 정조가 어머니 혜경궁 홍씨를 위해 지어 준 자경전이 있었다. 현재의 서울대학교 의과대학 자리에 있었던 사도세자의 사당 경모궁이 잘 보이는 위치였기 때문이다.

연희전문 친구들과 창경'원'에 소풍 간 적이 있던 동주는 1992년에야 해체

● 비행장 건설을 위해 땅을 팠기에 도로 오른쪽 마을 부지가 왼쪽 군부대에 비해 낮은 것을 확인할 수 있다.

된 이 건물을 보았을 것이다. 동주는 우지 봉황당에서 창경원 이왕가박물관을 떠올렸을까? '뵤도인의 아름다움에 답한 21세기의 명작'이라는 봉상관의 우아함에도, 일본에서도 손꼽힌다는 우지 말차의 향에도 가슴이 답답해지는 자문이었다.

## 우토로와 일본 지상자위대

동주는 조국의 국권을 강탈한 나라의 천년 고도古都에서 공부했다. 동주의 교토 유학은 민족의식이 투철했던 조선 지식인의 역설이자 슬픈 대비다. 그런데 우지 인근에는 또 다른 조선인이 다른 형태의 비극적 부조화를 견딘 곳이 있다. 태평양전쟁 당시 비행장 건설에 끌려온 조선인 노동자가 모여 살던 우

● '우토로에 사랑을'이라는 한글이 애처롭다.

토로 마을이다.

　우토로 주민에게도 해방은 왔지만 그것은 곧 실업이기도 했다. 해방된 조
국도, 패전국 일본도 그들을 외면하고 방치했다. 주민 상당수는 뱃삯을 구하
지 못해 고국으로 돌아가지 못했고, 무허가 정착촌에 뿌리내릴 수밖에 없었
다. 그러나 이후 여러 과정을 거쳐 우토로 땅은 팔리고, 주민들은 퇴거를 강요
받는 불법 거주자 신세가 된다.

　우토로 마을 사연이 우리나라에 처음 알려진 것은 2000년대 초반이다. 시
민단체가 먼저 나섰고 대한민국 정부도 지원을 아끼지 않았다. 내가 이곳을
방문했을 때는 두 동의 아파트가 완공된 직후였다. 1차로 45가구가 입주했고
곧 15가구가 집을 옮긴다 했다.

　우토로 마을과 인접한 군부대에 일본 지상자위대 공병대 해외 파병 부대가

● 아테루이와 모레의 비

주둔한다. 이는 명백히 일본 평화헌법 위반이다. 오랫동안 우토로 마을에는 하수도조차 없었다. 일본 정부는 해서는 안 될 일은 하면서 마땅히 해야 할 일은 외면한 것이다.

금각사와 더불어 교토의 2대 명소이자 교토 방문객의 60% 이상이 방문한 다는 곳, 세계문화유산 지정은 물론이고 새로운 세계 7대 불가사의 21개 후보 중 하나로 꼽힌 곳, 기요미즈데라淸水寺다. 이곳에는 청수의 무대와 달리 사람들의 이목을 끌지 못하는 '아테루이와 모레의 비'라는 비석이 있다.

이곳을 창건한 백제계 도래인 사카노우에노 다무라마로 장군은 홋카이도의 에조족, 아이누족 정벌에 나선다. 그는 전쟁에서 큰 싸움 없이 개선한다. 피해를 줄이기 위해 에조족 족장 아테루이와 모레가 항복을 했기 때문이다. 사카노우에노는 조정에서 이들을 고향으로 돌려보낼 것이라 생각했다. 하지만 두 사람은 처형된다.

그로부터 1,200년이 지난 1994년, 과거의 일을 사죄하는 의미의 비석이 기요미즈데라 경내에 세워진다. 이 일을 계기로 전국적인 추모 및 사죄가 이어졌다고 한다. 일본인들은 어쩌면 우리가 짐작하는 것처럼 반성하고 사죄할 줄 모르는 이들이 아닐지 모르겠다.

일본의 한 단체는 윤봉길 의사 의거가 있었던 홍커우공원에 '세계 평화'를 기원한다며 나무를 심었고, 우당 이회영 선생을 체포하고 고문한 다롄 수상경찰서에는 중국과의 우호를 기념하는 석물石物이 세워졌다. 그들의 사과는 탈 없는 과거나 현재의 두려운 힘만을 향하는 것일까.

첫　번째
두　번째
시비는
어디에

## 양심이 전신에 충만한 대장부

우지의 시비가 세 번째 시비라면 그럼 교토 어디에 동주의 첫 번째 시비가
세워졌을까? 교토에서 동주와 가장 인연이 깊은 곳이리라 짐작할 수 있다.
1942년 10월 동주는 왜 교토에 왔는가? 공부하러 왔다. 그럼 동주가 공부했
던 학교에 가장 먼저 그의 시비가 세워졌겠다.

　　1995년 2월 16일, 동주 영면 50돌을 기억해 도시샤대학에 일본 내 그의 첫
시비가 선다. 그날은 우박 섞인 비가 갑자기 쏟아졌다고 한다. 도시샤대학 한
국 교우회가 힘썼지만 도시샤대학도 협력을 아끼지 않았다. 이 시비에는 서
울 동주의 모교 연세대에 세워진 첫 번째 시비처럼 「서시」가 그의 필체로 새
겨졌다. 이부키 고의 일본어 번역 또한 나란히 자리를 잡았다.

● 도시샤대학 동주 시비

가로로 긴 도시샤대학 시비는 세로로 긴 연세대 시비와 인연이 깊다. 1968년 연세대에 동주의 첫 시비가 세워질 때 동주의 동생 윤일주 교수가 설계를 맡았다. 윤 교수는 두 가지 디자인을 제시했는데, 경사가 있는 지형을 고려해 세로로 긴 것이 채택된다.

일본에 동주의 첫 시비를 세울 때는 동주의 장조카 윤인석 교수에게 디자인 의뢰가 간다. 큰아버지를 기리는, 그것도 일본에 처음으로 세워지는 시비 도안이 부담스러웠던 윤인석 교수는 묘안을 낸다. 20여 년 전 아버지 윤일주 교수의 시비 디자인이 하나 더 있었던 것이다. 도시샤대학 교정은 평평한 지대라 가로로 긴 시비 디자인도 맞춤했다.

또 다른 정성도 보태졌다. 도시샤대학의 동주 시비 돌은 한국에서 가져간 것이고 시비 방향도 특별히 고려됐다. '동주가 늘 보냈을 마음의 방향, 고국이

● 도시샤대학 양심비

있는 곳'을 향해 하루의 마지막을 배웅토록 한 것이다. 정성껏 꾸민 주변에 대한 설명은 「윤동주 시비 건립 취지서」로 대신한다.

> 시비 주변에는 분단된 북의 꽃 진달래와 남의 꽃 무궁화가 함께 심어져 있습니다. 동주는 평양과 서울에서 모두 공부했습니다. 또한 일본 교토 도시샤대학을 설립한 니지마 조가 좋아했던 꽃도 어우러져 있습니다.

같은 글에 이런 문장이 있다. "니지마 조는 양심이 전신에 충만한 대장부들이 궐기할 것을 말했습니다만, 시인의 생전 모습이 바로 그러했습니다." 니지마 조는 어떻게 그런 생각을 했을까? 그는 일본이 서양의 사고방식을 수용하지 않으면 미래가 없다고 생각했단다. 그래서 메이지 말기 해외여행을 금지

● 창영관

하던 쇄국령을 어기고 미국으로 건너갔고 미국 대학을 졸업한 최초의 일본인
이 된다.

설립자의 이러한 비전과 실천은 학교명 도시샤同志社에도 투영돼 있다. '뜻
을 같이하는 이들의 결사' 정도의 의미다. 니지마 조가 생각한 동지는 그럼 영
웅을 뜻하는가? 아니다. 그는 이렇게도 말한 적이 있다. "한 나라를 유지하는
것은 결코 소수의 영웅이 아닙니다. 사회를 구축하고 운영하는 사람들에게는
교육, 지식, 지혜 및 품행이 중요합니다."

동주가 교토의 여러 대학 중 도시샤대학을 선택한 데에는 이런 학교 전통
이 적잖은 영향을 미쳤으리라. 기독교 정신을 바탕으로 자유주의적 분위기가
강한 학풍, 이는 동주가 서울 연희전문에서 이미 4년 동안 경험했던 것이었
다.

● 도시샤대학 예배당

## 침전과 첨탑

도시샤대학을 방문하면 지금도 동주 재학 당시의 분위기를 느낄 수 있다. 1875년 개교한 이 유서 깊은 캠퍼스에는 세워진 지 100년이 훌쩍 넘는 건물이 적지 않기 때문이다. 가장 오래된 창영관彰栄館이 1884년 준공되었으니 동주 재학 당시에도 고풍스러운 건물이었으리라.

동주 시비는 1886년 세워진 예배당과 1890년 완공된 하리스 이화학관ハリス理化学館 사이에 위치한다. 기독교인이었던 동주가 이곳 예배당에서 조국과 민족의 미래를 위해 기도하고 지금, 여기에서 자신의 자세를 묵상하지 않았을까? 구운 벽돌로 된 건물로는 일본에서 가장 오래됐다는 이곳에서 동주는 얼마나 오래 '홀로 침전'했을까?

동주 시비는 예배당 동쪽의 스테인드글라스를 마주하고 있다. 동주의 선배

● 도시샤대학 교복

이기도 한 도쿠토미 로카는 자신의 소설에서 이를 '오색의 광선이 내린다.'고 묘사한 바 있다. 그는 일본 군국주의 팽창에 반대한 양심적 작가였다. 하지만 그의 형 도쿠토미 소호는 '일본의 괴벨스'로 불린 파시스트였다.

도쿠토미 소호는 조선인 가야마 미쓰로香山光郎를 양자로 삼았다. 가야마 미쓰로, 이광수는 조선 민족의 민족성이 타락했으므로 이를 개조해야 한다고 주장했다. 우리 민족문화의 결정結晶인 한글로 시를 쓰다 체포되고 결국 참혹하게 죽은 동주의 시비 앞에서 여전히 한국 근대문학의 대표 작가로 평가받는 그를 생각하면 수천 갈래 빛의 파장만큼이나 마음이 심란하다.

하리스 이화학관은 현재 도시샤대학 역사를 소개하는 기념관으로 활용되고 있다. 이곳에서 내 눈길을 끌었던 것은 도시샤대학 교표가 새겨진 단추를 단 교복이었다. 아마가세다리에서 찍은 동주의 마지막 모습이 떠올라서다. 동주도 이 교복을 입었을까? 땅을 상징하는 아시리아 문자에서 따왔다는 도시샤대학의 엠블럼을 조국을 잃은 동주는 어떤 마음으로 바라보았을까?

도시샤대학 교정을 동서로 가로지르는 대로 동쪽 끝에 위치한 건물은 클라크기념관이다. 현재 도시샤대학을 상징하는 건물로 자주 소개된다. 동주는 등교할 때마다 가장 먼저 이 건물의 첨탑에 눈을 맞추지 않았을까, 자신이 연전에서 쓴 시를 생각하지 않았을까?

---

쫓아오던 햇빛인데
지금 교회당 꼭대기
십자가에 걸리었습니다.

첨탑이 저렇게도 높은데
어떻게 올라갈 수 있을까요.

종소리도 들려오지 않는데
휘파람이나 불며 서성거리다가

괴로웠던 사나이
행복한 예수. 그리스도에게
처럼
십자가가 허락된다면

모가지를 드리우고

꽃처럼 피어나는 피를
어두워 가는 하늘밑에
조용히 흘리겠습니다.

　　　　　　　　　　　　　　　　　　　　　　－「십자가」 1941. 5. 31.

나는 도시샤대학 교정을 거닐며 '십자가가 허락된다면 모가지를 드리우고 꽃처럼 피어나는 피를 어두워 가는 하늘밑에 조용히 흘리겠습니다.'라는 시구를 되뇌고 또 되뇌었다. 어떤 상상이 머리를 떠나지 않았기 때문이다.

1943년 7월 체포되지 않았다면 동주는 어떻게 되었을까? 무사히 고향으로 돌아갔을까, 아니면 학도병으로 중국 전선에 끌려 갔을까? 그랬다면 탈출해 임시정부나 조선의용대를 찾아갔을까? 해방 1년 후 『우리臨時政府임시정부』라는 책을 펴낸 윤재현이 이런 상상의 단초를 제공했다. 이 책의 추천사 격인 '책머리에'를 쓴 임시정부 요인 엄항섭 선생은 필자를 이렇게 소개했다.

1944년 일본 교토 동지사대학 문학부의 학창學窓에서 소위 '학병學兵'이라는 일본 정치의 기괴한 강압적 미명에 몰리여 이 시대에 삶을 받은 한국 젊은 이로서 피치 못할 숙명에 끌리여 용산으로 나와 다시 중국 하남성 회양까지 끌려갔으나 마침내 조국을 달리할 수 없는 불덩이 같은 정열과 양심을 부둥켜안고 중경으로 탈주해 온 윤재현군!

● '우리 臨時政府'는 백범 김구의 글씨다.

● 도시샤대학 정지용 시비

## 시와 시인은 원래 이러한 것이다

교토를 여행하는 많은 한국인이 도시샤대학 동주 시비를 찾는다. 나는 답사 때마다 시비 앞에 오래 머무르다 보니 뒷사람에게 자리를 내주어야 하는 경우가 종종 있었다. 그런데 동주 시비 앞에서 사진을 찍은 이들이 바로 자리를 뜨는 게 아닌가. 팔이라도 붙잡아 몇 걸음만 옆으로 옮기라고 간곡히 권하고 싶은 적이 한두 번이 아니었다.

동주 시비 바로 옆에는 동주가 가장 존경했던 정지용의 시비가 있다. 도쿄에서 교토로 전학하면서 도시샤대학을 선택한 동주의 마음자리에는 정지용의 모교에서 자신도 공부하고 싶다는 소망도 있었으리라. 동주 시비가 선 지 10년 후인 2005년, 지용의 시비도 세워진다. 고향 충북 옥천의 화강암에 실개천 무늬를 조각한 시비에는 「鴨川」이 새겨져 있다. 압천, 가모가와鴨川는 교

토를 가로지르는 강이다.

　다른 시간이지만 같은 공간에서 공부했던 두 사람은 이제 시비로라도 늘 함께한다. 그러나 두 분의 인연이 시비처럼 단단했던 건 아니다. 이승에선 주로 동주가 지용을 바라보았고, 동주가 세상을 떠난 후엔 지용이 동주를 안타까워했다.

　두 사람 중 먼저 인연을 만든 건 동주다. 동주는 평양 숭실중학 재학 시절인 1936년 3월 『정지용시집』을 구입한다. 그리고 매우 꼼꼼하게 읽는다. 예를 들어 「카페프란스」의 2연 2행, '보헤미안'에 줄을 긋고 붉은 색연필로 '豪放호방!'이라 메모하고, 3연 2행의 '페이브먼트'에도 줄을 긋고, '鋪포', 'pavement', '鋪道포도'라고 적었다.

　다음 인연을 이어 간 쪽도 동주다. 연희전문 2학년생 동주는 친구 라사행

이장희 그림

● 교토 시내를 가로지르는 압천, 가모가와다.

과 함께 북아현동 정지용 집을 찾았다. 그러나 이때의 만남을 지용은 기억하지 못했다. 이 사실이 아쉬워서였을까? 영화 「동주」의 감독은 지용이 자신의 집에서 동주와 대화하는 장면을 삽입한다. "부끄러움을 아는 건 부끄러운 게 아니라네. 부끄러움을 모르는 게 부끄러운 게지."

세 번째 인연도 지용 모르게 동주가 맺어 가는데 도쿄 릿쿄대학에서 교토 도시샤대학으로 전입한 것이다. 그 이전의 일이긴 하지만 동주는 지용의 시 「압천」에 '傑作결작'이라고 메모해 두었다. 그리고 스승이자 이제 선배인 지용을 그리며 가모가와 시냇가를 산책하기도 했겠다.

여기까지가 이승의 인연이다. 이제는 지용 차례다. 지용은 해방 후 동주의 시를 신문에 처음 소개한다. 동주가 도쿄에서 썼던, 동주의 최후 작품 중 하나인 「쉽게 씌어진 시」다. 지용은 '꽃과 같은 詩人시인을 暗殺암살하고 저이도 亡

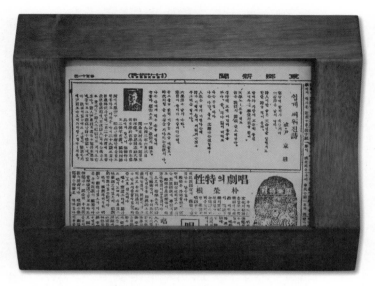

● 1947년 2월 13일자 『경향신문』 기사로 '尹東柱윤동주' 앞의 '故고'가 안쓰럽다.

망했다.'며 동주의 죽음을 안타까워하면서 동시에 일제에 대한 분노도 감추지 않았다. 그는 또한 뒤늦게나마 동주의 시를 소개할 수 있어 '尹君윤군보다도 내가 자랑스럽다.'고 소개문을 맺는다.

이전 인연의 희미함이 아쉬워서일까? 지용은 동주를 기리는 일에도 빠지지 않는다. 1947년 2월 16일, 윤동주 2주기 추모회에 지용은 참석한다. 이때 중요한 결정이 내려진다. 동주의 3주기 전에 유고 시집을 발간하기로 한 것이다. 약속은 지켜져 1948년 1월 30일 『하늘과 바람과 별과 詩시』가 출간된다. 지용은 '冬동 설달에도 꽃과 같은, 얼음 아래 다시 한 마리 鯉魚이어와 같은 조선 청년 시인' 동주의 시집 서문을 쓰기도 했다.

내가 시인 윤동주를 몰랐기로소니 윤동주의 시가 바로 '시'고 보면 그만 아니냐? (…) 무시무시한 孤獨고독에서 죽었구나! 29세가 되도록 시도 발표하여 본 적도 없이! (…) 日帝일제 시대에 날뛰던 附日文士부일문사 놈들의 글이 다시 보아 침을 배알을 것뿐이나, 無名무명 윤동주가 부끄럽지 않고 슬프고 아름답기 한이 없는 시를 남기지 않았나? 시와 시인은 원래 이러한 것이다.

지용은 한국 현대시사 100년에 우뚝 선 시인이다. '한국 현대시의 아버지'라는 평가는 지용의 시사적 위치를 잘 보여 준다. 그런 지용의 시중에서 가장 잘 알려진 작품이 가곡으로도 널리 불린 「향수」다.

도시샤대학 뒤편 상국사라는 절에는 이 작품과 관련해 흥미로운 이야기가 전한다. 1392년 세워진 상국사는 유서가 깊고 영향력도 큰 사찰이었다. 사실 도시샤대학 교정도 원래는 상국사 터였다. 지금도 상국사 초입에는 이런 대찰의 연륜을 증언하듯 노적송들이 당당하다. 하루는 지용이 휘문고보 후배이기도 한 김환태를 이곳으로 데려온다.

어떤 칠흑과 같이 깜깜한 그믐날 그는 나를 상국사 뒤 끝 묘지로 데리고 가서 「향수」를 읊어 주었다.

넓은 벌 동쪽 끝으로
옛이야기 지줄대는 실개천이 휘돌아 나가고
얼룩백이 황소가
해설피 황금빛 게으른 울음을 우는 곳
그곳이 차마 꿈엔들 잊힐리야.

이 노래는 나에게 그지없는 향수를 자아내 주었다. 그래서 그는, 향수에

● 상국사

못 이겨 곧 하숙으로 돌아가기를 싫어하는 나를 데리고 사조四條 어떤 찻
집으로 가서 칼피스를 사주지 않으면 안 되었다.

## 동주 하숙집과 尹東柱留魂之碑 윤동주유혼지비

교토에 있는 동주의 나머지 시비, 두 번째로 세워진 시비는 어디 있을까? 지
금까지 살핀 첫 번째, 세 번째 시비가 그런 것처럼 두 번째 시비도 동주와 인
연이 깊은 곳에 있다. 동주가 도시샤대학 재학 중 하숙을 했던 곳이다.

동주의 하숙집은 1930년대 건축된 현대식 아파트였다. 다케다 아파트라
불린 이곳은 교토대학이나 도시샤대학 학생 70여 명이 하숙을 한 상당한 규
모였다고 한다. 태평양전쟁 말기 불이 나 건물은 전소되었고 현재 교토조형

● 교토조형예술대학 동주 시비

예술대학 다카하라 캠퍼스 건물이 들어섰다.

　이곳 시비에도 「서시」가 한국어와 일본어로 새겨져 있다. 시비 하단에는 동주에 대한 간단한 설명이 일본어로 적혀 있다. 그런데 이곳에는 우리 눈길을 끄는 것이 하나 더 있다. '尹東柱留魂之碑'라고 새겨진 비석이다. 동주가 이곳에서 하숙을 했으니, 그 혼 또한 머물던 곳이라는 뜻이겠다. 그런데 이 유혼비의 형태가 특별하다. 북간도 룽징龍井의 동주 묘비 그대로인 것이다.

　교토에 선 동주의 시비를 연결하면 거대한 예각삼각형이 된다. 일본의 천년 고도 교토를 날카롭게 찌르는 형국이다. 아니, 그렇게 믿고 싶다. 동주는 1942년 가을에 교토에 와 1943년 늦봄을 보내고 체포됐다. 교토 사람들이 가장 아낀다는 단풍 짙은 가을과 벚꽃 흩날리는 봄 교토에서 동주도 행복했을까?

|  | 동 | 주 | 와 |
|---|---|---|---|
| 함 | 께 |  |  |
|  | 교 | 토 |  |
| 산 | 책 | 을 |  |

## 신신도와 교토대학

2019년 2월, 겨울비 내리는 교토를 나는 오래 걸었다. 동주의 등하굣길에 내 발걸음을 겹치고 싶었기 때문이다. 나는 한 사람을 더 호출했다. '또 다른 동주' 송몽규. 둘은 북간도 같은 집에서 태어나 한마을에서 자랐고, 명동소학, 은진중학을 함께 다녔으며, 잠시 떨어져 있다 연희전문에서 다시 만나 공부했다. 그리고 먼 이국 교토에서도 가까운 곳에 살았다.

　재판 관련 서류에 적힌 몽규 하숙집 주소를 확인해 보니 동주의 하숙집과 걸어서 5분 거리다. 두 사람은 같이 등교했을까? 자주 그랬을 것 같다. 두 사람의 하숙집에서 학교를 가자면 몽규가 다니는 교토대학 북문을 거쳐 도시샤대학을 가는 게 자연스러운 동선이다. 그런데 두 사람의 등굣길에는 매우 인

● 도시샤대학 정문  등하굣길 동선을 고려할 때 동주는 이 문을 드나들었을 것이다.

상적인 공간이 있다. 일본 최초의 본격 프렌치 카페 신신도進々堂다.

1914년 개업하고 1930년 이곳에 문을 열었으니 동주와 몽규가 유학하던 때 이곳은 이미 명소였으리라. 동주는 신신도에 가보았을까? 연희전문 시절 명동좌에서 연극을 보고 후유노야도라는 차방茶房이나 남풍장이라는 바bar에도 심심찮게 들렀던 모던보이 동주가 이곳을 지나쳤을 것 같지 않다.

나는 교토 답사 때마다 신신도에서 점심 식사를 한다. 이곳에는 100년 가까이 이어져 온 메뉴가 있다. 카레빵 세트 메뉴인데 한국식 카레보다 묽고 부드러운 카레와 모닝빵, 그리고 커피가 나온다. 고향에서 용돈이 오는 날 동주와 몽규는 이 정도 음식은 사 먹지 않았을까.

신신도에서 도로만 건너면 바로 교토대학이다. 몽규가 다닌 학교니 동주도 몇 번쯤 이곳에 가보지 않았을까? 사실 동주가 일본에서 가장 먼저 시험을 치

● 신신도

른 곳은 교토대학이다. 몽규와 달리 동주는 낙방해 도쿄로 갈 수밖에 없었지만 말이다.

몽규는 1942년 4월 1일 교토제국대학 문학부 서양사학과 선과에 입학한다. 선과는 본과와 달리 전문학교 졸업자가 입학하는 코스다. 당시 조선엔 경성제국대학 외에는 '대학'이 없었으므로 조선 유학생은 대부분 선과로 입학할 수밖에 없었다.

당시 몽규의 교토대학 입학은 큰 화제였다. 식민지 출신으로, 그것도 전문학교 졸업자로, 일본 최고의 명문 교토대학에 한번에 합격했기 때문이다. 동주와 몽규의 친구 문익환 목사는 그 놀라움을 '하늘의 별 따기를 한 것'과 같다고 표현했다.

그런데 몽규보다 앞서 교토대학 문학부에서 공부한 이가 있다. 훗날 몽규와 동주의 연희전문 스승이 되는 외솔 최현배 선생이다. 외솔은 1922년 교토제국대학 문학부 철학과에 입학해 1925년 졸업했다. 그러니까 도시샤대학이 정지용-윤동주로 연결된다면, 교토대학은 최현배-송몽규로 이어진다.

● 교토대학 문학부 박물관

　외솔 선생과 몽규가 공부했던 문학부 건물은 어딜까? 1914년 개관한 교토 대학 문학부 박물관 건물이 유력하다. 이곳은 일본의 대학박물관 중에서 가장 오랜 역사를 자랑한다. 문학부에서 수집한 유물을 보관하기 위해 세워진 이곳에서 역사학이나 철학 등의 수업도 진행되었을 것으로 추측된다.

　우리말을 지키려던 외솔, 조국 해방을 위해 낙양군관학교에 지원했던 몽규가 다녔던 교토대학에는 그러나 두 사람과는 정반대 길을 갔던 이도 다녀갔다. 지금의 교우회관 정도에 해당하는 교토대학 락우회관樂友會館에서 1943년 11월 11일 한 행사가 열린다. 조선장학회가 개최한 '반도 동포 출진의 밤'이다.

　이때 유학까지 온 조국의 젊은이에게 특별지원병에 지원하라고 '격려'한 이가 있었다. 최초의 한국 현대 장편소설이자 한국 근대문학과 현대문학의 분기점이 되는 『무정』의 작가 이광수다. 1943년 11월이면 동주와 몽규가 '교

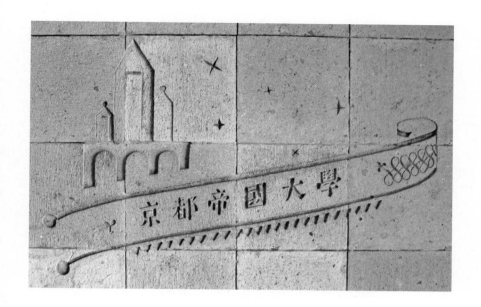

토 재조선인 민족주의자 그룹 사건'으로 특고에 체포된 때다. 이러한 때 이광수는 일본제국에 조국을, 동포 청년을 팔았다. 이광수가 그렇게 꿈꾸었던 '제국'은 이곳 실내 벽에 '京都帝國大學<sub>경도제국대학</sub>'으로 그 흔적이 남아 있다.

## 창백한 모습과 그 간절한 효심의 음성

동주와 몽규의 등굣길을 걷다 보면 매우 당혹스러운 사실을 확인하게 된다. 두 사람이 체포돼 갇혀 있었던 시모가모경찰서가 그 언저리에 있기 때문이다. 먼저 짐을 부치고 귀향을 준비하던 동주는 1943년 7월 14일 특별고등경찰에 체포된다. 몽규는 이미 나흘 전에 끌려간 터였다.

　이때 동주를 면회한 이가 있다. 나중에 동주 시신을 수습하기도 한 당숙 윤영춘과 외사촌 김정우다. 두 사람은 살아생전의 동주를 마지막으로 보고 증언했다. 특히 당숙 윤영춘의 기록은 시인으로서 동주를 생각할 때 매우 중요하고 안타까운 내용을 담고 있다.

> 취조실로 들어가 본즉 형사는 자기 책상 앞에 동주를 앉히고 동주가 쓴 조선말 시와 산문을 일어로 번역시키는 것이다. (…) 동주가 번역하고 있던 원고 뭉치는 상당히 부피가 큰 편이었다. (…) 늘 웃던 그 얼굴은 좀 파리해졌다.

동주가 한글로 쓴 자신의 글을 일본어로 번역하고 있었다는 증언, 이것이 왜 중요한가? 현재 우리에게 전하는 동주의 마지막 시가 마지막 작품이 아닐 수 있기 때문이다. 동주는 도쿄 릿쿄 시절 「쉽게 씌어진 시」를 포함한 다섯 작품을 연전 친구 강처중에게 보냈다. 그리고 이 작품이 현재 동주 최후의 작품이다.

그러나 위 증언은 동주가 도쿄 시절 이후에도 계속 글을 써왔음을 보여준다. 실제로 그랬다. 은진중학 재학 때 처음 시를 쓰고 기록한 이후 동주는 한 번의 공백기를 빼곤 꾸준히 시를 써왔다. 그런 시작詩作 습관이 유학을 왔다고 갑자기 변할 리 없다. 교토 시절의 시와 산문이 발견되는 날, 우리는 동주의 문학을, 더 나아가 식민지 시기 한국문학사를 다시 써야 할지도 모른다.

같은 또래의 외사촌 김정우가 전하는 동주의 마지막 모습은 우리를 더 안타깝게 한다. 동주는 창백한 얼굴에 억지로 미소를 지으며 몇 번이고 부탁을 하더란다. 고향의 할아버지와 부모님께 자신이 잘 있다고 전해 달라고. "그 창백한 모습과 그 간절한 효심의 음성, 이것이 내가 이 세상에서 마지막으로 보고 들은 윤동주이며 윤동주의 음성이다."

동주가 갇혀 있던 경찰서 건물은 사라졌고 그 자리엔 신축한 경찰서가 들

● 시모가모경찰서

어섰다. 하지만 이름은 그대로 교토부 시모가모경찰서京都附下鴨警察署다. Y자 모양 가모강의 오른쪽 빗금 부근이다. 경찰서 바로 옆은 오래된 벚나무가 줄 지어 선 아름다운 산책로다.

문학을 통해 자유와 비상을 꿈꾸었을 교토에서 일상의 공간이던 곳에 갇혀 있었으니 동주는 얼마나 억울하고 절망했을까? 그곳에서 동주는 모국어로 쓴 글을 '왜놈의 글자'로 번역해야 했으니 자신의 시가, 자신의 삶이 모두 욕 을 당한다고 생각했으리라. 이 고운 길옆에 갇힌 동주의 젊음이 서럽다.

수개월의 조사 끝에 동주는 기소되고 재판을 받는다. 1943년 7월에 체포돼 1944년 2월 말에 기소됐으니 조사 기간이 상당하다. 재판을 받은 날짜는 그 해 3월 31일이다. 동주가 재판을 받은 교토지방재판소 또한 도시샤대학에서 멀지 않다.

지용은 교토에 도착한 직후 이런 글을 쓴 적이 있는데 교토 명소를 망라하고 있다. "그리웁고 보고 싶고 하던 京都<sup>경도</sup> 平安古都<sup>평안고도</sup>에 오고 보니 듣고 배우고 하였던 바와 틀림없습니다. 鴨川<sup>압천</sup>도 그러하고 御所<sup>어소</sup>도 그러하고 三十三間堂<sup>삼십삼간당</sup>, 淸水寺<sup>청수사</sup>, 嵐山<sup>람산</sup>도 그러합니다."

어소는 교토가 일본의 수도였던 시절 일왕의 거처였다. 도시샤대학 바로 남쪽이 어소고 그 바로 아래가 교토지방법원이다. 동주가 재판받을 당시 이곳은 3층의 붉은 벽돌로 쌓은 '좌우 대칭형의 권위적 인상을 주는 건물'이었단다. 그러나 현재는 개축된 건물이 들어섰다.

재판 결과 동주는 치안유지법 제5조 위반으로 징역 2년에 '미결 구류일수 중 120일을 본형에 산입'한다는 판결을 받는다. 이 판결대로라면 출감 예정일은 1945년 11월 30일이 된다. 그러나 우리 모두 알듯 동주는 형을 다 살지 못

● 교토지방법원

했다. 출감 예정일이 1946년 4월 12일이었던 몽규 또한 그러했다.


## 독립을 바란 것이 왜 죄가 되는가

동주의 자취를 좇는 교토 답사는 시내를 조금 벗어나 야세유원지로 향한다. 이곳은 히에이산 자락인데 케이블카 정류장도 있다. 지용은 케이블카 공사가 한창일 때 이곳을 방문한 적이 있다. 그는 감각적 이미지의 고수답게 케이블카를 '도마뱀 같은 괴물이 산 정상까지 단숨에 오르내리고' 있다고 묘사한 글을 남겼다.

야세 케이블카는 1922년 공사가 진행돼 1925년 일부 구간이 개통되었다. 한 여학생과 동행한 지용은 이곳에서 조선인 노동자를 만난다. 그리고 좀처

● 히에이산 야세 케이블카

럼 민족의식이나 정치색을 드러내지 않던 당시의 그와는 달리 매우 이채로운
글을 남긴다.

> 八瀬야세라고 이르는 比叡山히에이산 바루 밑에 널리어 있는 마을이 있는
> 데 (…) 비예산 케―불 카―가 놓이는 때라 조선 노동자들이 굉장히 많이
> 쓰히었던 것이다. (…) 坪평뜨기 흙 져나르기 목도질 같은 일은 모두 조
> 선 토공들이 맡아 하였지만 삯전이 매우 헐하였다는 것이다. (…) 그들은
> 우리가 조선 학생인 줄 알은 후에는 어찌 반가워하고 좋아하던지 한 십
> 여 인이나 되는 아낙네들이 뛰어나와 우리는 그만 싸이어 들어가듯 하
> 여 무슨 신랑신부나 볼모로 잡아 오듯이 아랫목에 앉히는 것이었다.

보고 전해 들은 사실만을 나열하는 듯하지만 글 갈피에서 진한 동포애를
읽을 수 있다. 타국에 와서도 최하층 노동자로 살아갈 수밖에 없는 동포에 대
한 연민, 공부하는 자신을 마치 대견한 친지와도 같이 여기는 인정, 그리고 어

● 왼쪽은 연력사에 세워진 清海鎭大使張保皐碑청해진대사장보고비이고, 오른쪽은 히에이산에서 내려다본 비와호琵琶湖다. 1943년 1월 1일 동주는 당숙 윤영춘과 함께 히에이산에 오르고 비와호도 구경했다.

려운 형편 중에도 최선을 다해 베푸는 후의 등이 넉넉히 읽힌다.

이곳은 동주와 몽규의 판결문에도 등장한다. 1943년 4월 교토 교외 야세유원지에서 윤동주, 송몽규, 백인준 3명이 모여 이런 논의를 했단다. '징병제를 조선 청년의 위기라고만 생각하지만 그렇지만은 않다. 조선 청년이 징병을 통해 군사 지식을 얻을 수 있기 때문이다. 일본이 패전하면 이를 바탕으로 무력봉기를 결행해 독립을 실현할 수 있다.'

은진중학 재학 당시 중국 난징으로 가 낙양군관학교 2기로 입교했던 몽규의 전력을 생각하면 이 정도의 '모의'는 특별할 것도 없다. 기질과 성격이 달랐다고는 해도 한 형제처럼 지냈던 동주가 몽규의 그런 계획에 심정적으로 동조했으리라는 것도 상식적인 판단이다.

그리고 무엇보다 동주와 몽규는 나라를 빼앗긴 식민지 청년 아닌가. 동주의 시를 일본에 가장 먼저 소개한 이부키 고는 이렇게 말한다. "민족의식을 품고, 독립을 바란 것이 왜 죄가 되는가. 모든 것은 민족적 지배, 피지배에서 일어났던 일이며, 한국에 대한 일본의 식민지 지배에 문제의 근원이 있음은

● 미끄럼틀 뒤로 보이는 것이 이총이다.

말할 나위도 없다.”

　야세유원지를 내려다보는 히에이산에는 일본 천태종의 본산이자 토착화된 일본 불교의 요람인 연력사延曆寺가 있다. 그리고 이곳에는 장보고 기념비가 있다. 연력사 발전에 크게 기여한 원인 스님이 중국에서 일본으로 돌아올 때 장보고가 장악한 신라 상선의 도움을 받았던 인연 때문이란다. 장보고의 유혼이 이곳에 있다면 천년도 더 지난 때 타국에서 고초를 겪는 조선 노동자와 동주를 어떻게 바라보았을까?

　히에이산을 내려와 교토 내 공원 중 한 곳을 더 소개하는 것으로 동주 교토 산책을 마친다. 교토국립박물관 인근에는 이총耳塚이 있다. 이총, 귀무덤이라니 무슨 뜻인가? 임진년과 정유년의 왜란 당시 일본군은 공적을 ‘효율적으로’ 헤아리기 위해 조선군과 조선 백성의 목, 귀, 코를 베었다. 그리고 식초와 소금에 절여 당시 수도였던 교토로 보냈다.

　교토 이총에는 4만여 개의 조선인의 코와 귀가 묻혀 있단다. 그런데 이것이 과거의 비극으로만 그치지 않는 이유가 있다. 이총 바로 옆에 아이들 놀이

터를 만든 것이다. 이총과 공원을 연결하는 일본인은 어떤 사람들인가? 이 정도의 무감각과 무지는 범죄다. 이총 앞에서 동주는 모국어 들을 귀를 빼앗겨버린 역사의 반복을 통곡했을까?

# 2장

## 동주, 부활하다
## 일본의 심장에서

**도쿄**

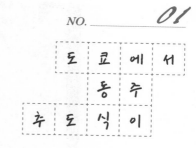

도쿄에서
동주
추도식이

## 시인 윤동주와 함께

2019년 2월 17일 도쿄 릿쿄대학에서 '시인 윤동주와 함께 2019(詩人尹東柱と
ともに・2019)'가 진행됐다. 일회성 행사가 아니라 2008년부터 시작돼 벌써
열두 번째 열린 동주의 추도식이다. 동주가 눈을 감은 1945년 2월 16일을 염
두에 두고 잡은 일정이다.

　행사가 열린 곳은 릿쿄대학 예배당이다. 동주는 교토제국대학 입학시험에
낙방한 후 도쿄 릿쿄대학에 입학한다. 1942년 4월 2일 입학해 딱 한 학기를
이곳에서 공부했지만 독실한 기독교인이었던 동주는 이곳 예배당을 자주 찾
았으리라. 추도식은 시간뿐만 아니라 공간까지 세심하게 배려했다.

　연희전문 재학 당시 동주는 심각한 종교적 회의에 빠진 적이 있다. 그러나

● 동주 추도식 포스터

신앙을 버리지는 않았다. 오히려 동주는 오랜 침묵을 통해 기독교의 보편적 사랑을 주체적 결단의 밑거름으로 삼았다. 기독교 신앙이 현실 변혁을 외면하거나 그럴 힘이 부재한 건 아닌가 하는 회의를 동주는 이때 극복한 것으로 판단된다.

행사 시작 한 시간 전부터 사람들은 줄을 서기 시작했다. 드물게 한국어가 들렸지만 대부분 일본인이었다. 질서 정연하게 줄을 서는 게 그들에겐 자연스러운 일이겠지만 타국의, 그것도 오래전 세상을 떠난 한 청년의 추도식에 이렇게까지 정성을 보내는 그들을 보며 깊이 고개가 숙여졌다.

행사는 차분하게 진행됐지만 내 마음은 흥분과 감동으로 복잡했다. 동주의 대표 작품을 일본어와 한국어로 낭독할 때, 참석자 대부분이 일본인인지라 일본어 낭독 소리가 더 클 수밖에 없었다. 그런데 「서시」를 낭독할 때는 일본

● 왼쪽으로 보이는 것이 행사가 열린 예배당이다.

어 만큼이나 한국어 소리도 작지 않았다. 이곳에 참석한 이들은 동주의 대표
시를 한국어로 알고 있었던 것이다.

2부는 특별한 공연으로 진행됐다. 동주와는 육촌지간이 되는 가수 윤형주
씨가 동주에 대한 이야기와 자신의 노래로 무대를 꾸몄다. 윤형주 씨의 아버
지 윤영춘 선생은 동주와 관련해 매우 중요한 시기마다 등장한다. 집안 어른
들의 반대에도 동주의 일본 유학을 응원한 이도 윤영춘 선생이었다.

동주가 교토에서 낙방의 고배를 마시고 도쿄에서 입학시험을 준비할 때 몇
주 머문 곳도 윤영춘 선생의 거처였다. 앞서 이야기했듯 동주가 교토에서 체
포됐을 때 면회하고 그의 생전 마지막 모습을 우리에게 전한 것도 그다. 윤영
춘 선생은 동주의 마지막도 거두었다. 동주 아버지를 도와 후쿠오카감옥에서
동주 시신을 수습한 것이다.

● 오른쪽 슬라이드는 동주의 명동소학 졸업사진이다.

릿쿄대학이 동주의 모교인 것은 분명하다. 그러나 한 학기밖에 공부하지 않은 이곳에서 십 년 넘게 타국의 시인을 추모하는 이는 누굴까? 동주 시비를 세우기 위해 십 년 넘게 활동을 해온 교토의 곤타니 노부코 여사 같은 이가 도쿄에도 있는 것일까?

행사 마지막에 감사 인사를 한 기품 있는 할머니가 그 주인공이다. '시인 윤동주를 기념하는 릿쿄 모임(詩人尹東柱を記念する立教の会)' 대표 야나기하라 야스코 여사, 그녀는 릿쿄대학 출신이니 동주의 후배이기도 하다. 야나기하라 여사는 동주의 추도식을 이어 오는 것에 그치지 않고 여전히 공백으로 남은 동주의 도쿄 시절에 관한 많은 사실을 확인해 윤동주 연구에도 기여했다.

동주는 릿쿄대학 재학 당시 여름방학 때 고향을 방문해 동년배 친척과 사

● 야나기하라 야스코 여사

진을 찍은 적이 있다. 다른 이들과 달리 동주는 '상고머리'를 하고 있는데 그 이유를 밝혀 낸 이가 야나기하라 야스코 여사다. 릿쿄대학에서 동주가 공부한 교실을 찾은 이도, 동주의 도쿄 하숙집 주소를 확인한 이도 그녀다.

야나기하라 여사는 동주 시를 읽는 모임을 지금도 이끈다. 그러면서 동주가 당시 소장한 책을 찾는 활동도 이어 가고 있다. 체포 당시 압수되었던 책과 원고가 어떤 경로를 통해서든 헌책방에 나올 수 있기 때문이다. 거의 유일한 단서는 동주가 구입한 책에 남긴 사인이다.

추도식의 모든 것이 남달랐지만 특별히 내 눈길을 끈 것이 있다. 연단에서 우리 모두를 보고 있던 동주, 그의 연희전문 졸업식 사진이다. 이 사진을 일본의 수도 도쿄에서, 그것도 수백 명의 일본인과 함께 보다니 도무지 믿기질 않았다.

● 도쿄 릿쿄대학의 연전 동주 졸업 사진

어쩌면 전날 적잖게 마신 술이 깨지 않아서 더 그랬을 수도 있다. 교토 도시샤대학에서 나는 기념 와인 한 병을 샀다. 좋은 날 마시려던 계획은 늦게 도착한 도쿄 숙소에서 틀어졌다. 동주가 74년 전 세상을 떠난 날이 한 시간도 채 남지 않았던 것이다.

급히 숙소 주변 한식당을 검색했다. 늦은 시간이라 한식당엔 한국 주인과 단골인 한국 청년 한 명만 있었다. 동주를 기억하는 데 이렇게 맞춤할 수가. 나는 도시샤대학 와인을 꺼내 놓으며 우리만의 추도식을 갖자고 제안했다. 두 사람이 흔쾌히 동참한 건 두말할 나위도 없다.

## 동주, 두 나라를 이어 주는 다리

릿쿄대학은 성공회 계열의 미션스쿨로 1874년 외국인 거류지에 개교했다가 1918년 현재의 이케부쿠로 지역으로 이전했다. 히로히토 일왕의 친동생 중 한 사람이 영국 유학 중에 성공회 신자가 되었기에 당시 여러 기독교 교파 중에서도 성공회의 교세는 상당했다고 한다.

동주는 1942년 4월 2일 릿쿄대학 영문과 선과選科에 입학했다. 당시 일본 학제는 소학교(6년)-중학교(5년)-고등학교 또는 대학 예과(3년)-대학 학부(3년)가 정규 코스였다. 여기서 혼란을 일으키는 것이 '고등학교'다. 이는 지금 한국 학제의 고등학교와 다르다. 그건 중학교(5년)에 포함된다고 보는 것이 자연스럽다.

당시 고등학교는 일본 본토에만 있었고 국립고 8개를 포함해 10여 개 정도만 설립되었다. 특히 도쿄의 제1고등학교와 교토의 제3고등학교는 '일고'와 '삼고'로 불리며 일본 최고 수재들이 몰리는 명문으로 유명했다.

당시 일본의 대학 입학 조건은 두 가지였다. '전문학교 졸업'과 '고등학교 혹은 대학 예과 졸업'이다. 전문학교 졸업자가 대학에 입학한 경우를 대학 선과라고 했고, 후자로 입학하면 본과라 했다. 동주는 연희'전문학교'를 졸업했으니 릿쿄대학 '선과'로 입학할 수밖에 없었던 것이다.

참고로 전문학교에도 이런 구분이 있었다. 5년제 중학을 졸업하면 본과로, 4년제 중학을 졸업하면 별과別科로 입학했다. 동주는 5년제 광명중학을 졸업했기에 연희전문 문과 '본과'로 입학했고, 몽규는 4년제 대성중학을 졸업했으니 '별과'로 입학했다. 둘 중 어느 시험이 더 어려울까? 당연히 별과다. 조건이 느슨한 만큼 입학 절차는 더 까다로운 것이다.

릿쿄대학에서 동주는 두 과목을 수강했다. '영어학연습'과 '동양철사'. 성적표를 보면 인쇄된 과목명은 '東洋哲學史동양철학사'이고 수기로 쓴 과목명은 '東洋哲史'인데 동주는 후자를 수강했고 거기에 성적이 표기돼 있다. 동주

● 릿쿄대학

가 '동양철사'를 들었던 곳이 당시 인문대학, 현재 본관 모리스 홀Morris Hall 1층 1104호다. 그런데 이런 사실은 어떻게 알려졌을까?

앞서 언급했지만 야나기하라 야스코 여사는 릿쿄대학 재학 시 동주를 알게 되고 그의 흔적을 좇기 시작한다. 그녀는 동주와 함께 릿쿄대학을 다녔던 선배들에게 백 통이 넘는 엽서를 보냈다. 딱 한 통 회신이 왔는데 이시카와 토시오라는 분이었다. 그분이 동주와 함께 '동양철사' 수업을 이 강의실에서 들었다고 증언한 것이다.

왜 나는 1104호 강의실 앞을 서성이는가? 혹시 이 강의실에서 동주가 들었던 '동양철사'가 동주의 시 「쉽게 씌어진 시」에 등장하는 '늙은 교수의 강의'가 아닐까 해서다. 당시 이 수업을 맡았던 이는 우노 데츠도 교수로 '늙은 교수'라는 표현에 맞춤한 68세의 노교수였다고 한다.

● 동주가 직접 찾아가 만났다는 당시 릿쿄대학의 채플 전담 목사 다카마쓰 고지高松孝治 교수를 기념하는 타블렛이
예배당에 걸려 있다.

창밖에 밤비가 속살거려
육첩방은 남의 나라.

시인이란 슬픈 천명인 줄 알면서도
한 줄 시를 적어볼까.

땀내와 사랑내 포근히 풍긴
보내주신 학비 봉투를 받아

대학 노-트를 끼고

● 릿쿄대학 모리스 홀과 1104호 강의실

늙은 교수의 강의 들으러 간다.

생각해보면 어린 때 동무를
하나, 둘, 죄다 잃어버리고

나는 무얼 바라
나는 다만, 홀로 침전하는 것일까?

인생은 살기 어렵다는데
시가 이렇게 쉽게 씌어지는 것은
부끄러운 일이다.

육첩방은 남의 나라
창밖에 밤비가 속살거리는데

등불을 밝혀 어둠을 조금 내몰고
시대처럼 올 아침을 기다리는 최후의 나.

나는 나에게 적은 손을 내밀어
눈물과 위안으로 잡는 최초의 악수.

　　　　　　　　　　　─「쉽게 씌어진 시」, 1942. 6. 3.

---

　시인 지망생이 시가 쉽게 쓰이는 것을 기뻐하기보다 부끄러워해야 했던 불구의 시절을 견디던 참혹함, 그러나 '시대처럼 올 아침'을 기다리던 견고한 긍정을 우리는 이 작품에서 읽을 수 있다. 조국에서보다 더 단단해진 동주를 나는 이 작품에서 발견한다.

　릿쿄대학 답사를 갈 때면 나는 제1학생식당에서 식사를 한다. 대학 구내식당이라 저렴해서이기도 하지만 동주가 이곳에서 식사를 했던 게 분명하기 때문이다. 이곳은 동주가 릿쿄대학에 입학하기 전부터 학생식당으로 쓰였다.

　동주 재학 시와는 달리 지금은 기계에서 쿠폰을 발급받아 음식을 받는다. 삼삼오오 모여 점심을 먹고 식사 후에는 짧게 동주 강연도 한다. 그러면 우리에게 기적 같은 시간이 다가온다. 식당 저 어느 구석에 앉아 밥을 먹고 있는 '슬픈 사람의 뒷모양'이 보이는 듯하다.

　수업을 듣고, 식사를 하고, 기도를 하고, 그리고 동주는 릿쿄대학에서 또 무엇을 했을까? 자주 그리고 오래 책을 읽었으리라. 그렇다면 도서관을 찾아야 한다. 동주가 릿쿄대학에 재학하던 당시의 도서관은 현재 릿쿄대학 전시관으로 쓰인다. 동주와 관련된 유물은 없지만 동주 재학 당시를 짐작할 수 있는 자료가 많다.

● 릿쿄대학 제1학생식당

릿쿄대학은 2010년부터 '윤동주 국제교류장학금'을 지급하고 있다. '시인 윤동주를 추모하는 릿쿄 모임' 회원들이 동주와 관련한 활동 수익 전부를 이 장학기금에 기부한 덕이다. 야나기하라 야스코 여사는 '윤동주 시인이 두 나라를 이어 주는 다리가 되어 줄 것'을 믿는다고 했는데, 나 또한 그러하리라 믿어 의심치 않는다.

## 편지지와 원고지

동주의 릿쿄대학 생활은 짧게 끝났다. 그해 가을학기에 동주는 몽규가 있는 교토로 갔고 도시샤대학으로 옮겼기 때문이다. 그러나 동주의 릿쿄대학 시절은 매우 중요한 의미가 있다. 현재 우리에게 남은 동주의 마지막 시 다섯 편이 이때 쓰였기 때문이다.

날짜가 확인되는 동주의 마지막 시는 「쉽게 씌어진 시」로 1942년 6월 3일 창작 혹은 기록됐다. 「흰 그림자」(1942. 4. 14.), 「흐르는 거리」(1942. 5. 12.), 「사

● MATHER LIBRARY가 이 건물의 이전 쓰임을 말해 준다.

랑스런 추억」(1942. 5. 13.)과 날짜가 확인되지 않는 「봄」까지 다섯 편은 동주가 릿쿄대학 시절 완성해 서울의 연전 동창 강처중에게 보낸 작품이다.

　날짜가 없는, 편지지의 맨 마지막에 적힌 「봄」을 최후의 작품으로 볼 순 없을까? 단언할 순 없지만, 합리적인 추정이다. 왜냐하면 다섯 편의 시가 대체로 날짜순으로 적혀 있기 때문이다. 다만 1942년 5월 12일의 「흐르는 거리」가 「사랑스런 추억」(1942. 5. 13.) 다음에 적혀 있어 여지가 남는다. 하루 차이라 얽매이지 않은 것일까?

　세로로 녹색 줄이 쳐진 종이는 동주가 릿쿄대학 매점에서 구입했으리라. 왼쪽 상단에 RIKKYO UNIVERSITY가 인쇄돼 있기 때문이다. 동주는 세로쓰기로 시를 적었는데 한쪽당 한 편을 쓴 게 아니라 계속 이어서 적었다. 아마 시가 끝나고 편지가 시작되는 건 일곱 번째 장이었을 것이다. 여섯 번째 장에

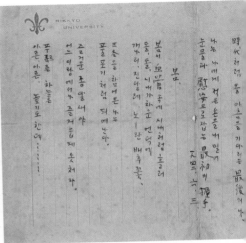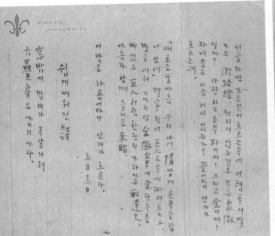

● '쉽게 씌워진 詩' 바로 앞쪽에 '五月 十二日.'이라는 날짜가 보이는데, 세 번째 작품인 「흐르는 거리」의 기록 날짜다. '봄' 앞의 '一九四二. 六. 三.'은 「쉽게 씌어진 시」의 기록 날짜다. 여섯 번째 편지지에서 「봄」은 미완성으로 남았다.

서 「봄」이 잘렸기 때문이다. 어떻게 아는가? 날짜가 없기 때문이다.

편지를 받은 강처중은 편지 부분을 폐기한다. 당시 엄혹한 시국 때문이었으리라. 그 과정에서 「봄」의 마지막 부분과 날짜가 소실됐다. 동주가 릿쿄대학 재학 시 이 다섯 편만 쓴 건 아닌 듯하다. 다른 친척이나 친구에게도 소식을 전하면서 시를 적어 보냈다는 증언이 있기 때문이다. 다만 아쉽게도 그것들은 전하지 않는다.

릿쿄대학을 답사할 때 나는 이 편지지 혹은 공책을 꼭 사고 싶었다. 그러나 매점에 동일한 제품은 없었다. 너무 오래된 디자인이라 더 이상 나오지 않는단다. 아쉬운 마음에 현재 판매되는 릿쿄대학 공책을 샀다. 그래도 서운함이 남았는데, 릿쿄대학 홈페이지에서 동주의 편지지에서 보았던 릿쿄대학 엠블럼을 확인할 수 있었다.

릿쿄대학 시절 동주는 한 장의 사진도 남겼다. 마지막 사진은 아니지만 그의 죽음이 기록돼 있는 아픈 사진이다. 이 사진은 동주가 릿쿄대학에서 맞은 처음이자 마지막 여름방학 때 고향을 방문해 찍은 것이다. 뒷줄 맨 오른쪽이 동주고 앞줄 중앙이 몽규다. 사진 오른쪽 아래 'aug. 4th. 42'는 촬영 날짜다.

오른쪽 위 두 날짜가 무엇을 의미하는지 나는 오랜 궁리 끝에 알 수 있었다. 사진을 자세히 보면 동주에는 동그라미가, 몽규에는 세모가 표시된 것을 확인할 수 있다. 그리고 날짜에도 같은 표시가 있는데, 동그라미 밑에는 '二月十六日', 세모 밑에는 '三月十日'이라는 날짜가 적혀 있다.

이 날짜는 무엇을 의미할까? 바로 밑에 답이 있다. '一九四五. 於福岡永眠', '1945년 후쿠오카에서 영면하다.' 정도의 뜻이다. 1943년 교토에서 체포된 두 사람은 후쿠오카 감옥으로 이감되고 그곳에서 한 달 사이를 두고 세상을 떠났다. 이 숫자는 바로 두 사람의 사망 날짜인 것이다. 참고로 몽규가 숨을 거둔 것은 3월 10일이 아니라 3월 7일이다.

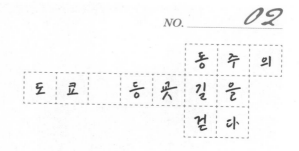

## 동주 도쿄 하숙집을 찾아라

교토의 동주 하숙집 주소는 비교적 쉽게 확인할 수 있다. 재판 관련 서류에 기록이 정확하게 남아 있기 때문이다. 그럼 도쿄 동주 하숙집도 찾을 수 있을까? 릿쿄대학 재학 시 동주가 일경에 체포된 적이 없기에 가장 신뢰할 수 있는 건 학교 자료다.

릿쿄대학 학적부에 적힌 동주 주소는 '新田區猿樂町4-3平沼永春'이다. 여기서 주목되는 건 '平沼永春'이다. 이건 주소가 아니라 동주의 당숙 윤영춘의 창씨개명된 이름이다. 그는 동주의 제2보증인으로 학적부에 기재돼 있는데, 당시 윤영춘 선생이 머물던 거처를 동주가 주소로 적은 것이다.

그런데 이곳은 일반 하숙집이 아니라 당시 도쿄 조선 YMCA의 주소다. 그

● 2019년 2월 8일 2·8 독립선언 100주년 기념식이 이곳에서 열렸다.

럼 이곳이 3·1 운동의 기폭제가 된, 1919년 2·8 독립선언식이 있었던 조선기독교청년회관 자리라는 말인가? 그건 아니다. 원래 조선기독교청년회관이 있던 자리는 이곳에서 도보로 5분 정도 떨어져 있었다. 1923년 관동대지진 때 건물은 소실되고 이후 위치를 옮겨 재건된다.

2006년 '재일본 한국 YMCA 100년' 기념식이 열렸다. 그러니까 1906년 이 단체가 설립되었다는 뜻이다. 을사늑약이 체결되자 대한제국은 외교권을 박탈당했고 그 결과 재일본공사관은 폐쇄된다. 그런 상황에서 400여 명에 달하던 당시 조선 유학생의 권익을 보호해 준 기관이 도쿄 조선 YMCA였다.

일본 도쿄 YMCA 건물의 한 칸을 빌려 활동하던 도쿄 조선 YMCA는 1914년 간다구 니시오가와마치에 회관을 건립한다. 이곳은 일본의 주요 사립대학 일곱 곳과 전문학교 등이 자리 잡은 학원가이자 세계 최대의 고서점 거리 진보초 인근이다. 그러다 1923년 관동대지진 때 건물이 불탄다. 1929년이 되어서야 위치를 조금 바꾸어 3층 콘크리트 건물을 새로 세울 수 있었다. 현재 건물은 이전한 자리에 1980년 다시 증축한 것이다.

1942년 동주가 릿쿄대학 입학시험을 치렀을 때 이곳에 두 주간 머물렀다. 당숙 윤영춘이 이곳에 거처했기 때문이다. 당시 도쿄 조선 YMCA 회관은 숙박 시설을 갖추고 있었다. 그래서 유학 온 조선 학생들은 일본에 도착하면 가장 먼저 이곳을 찾았다. 그런 전통 때문인지 지금도 이곳은 호텔을 운영한다.

동주는 입학시험으로 분주했겠지만, 1919년 이곳에서 일어난 유학생 선배들의 2·8 독립선언에 대해, 그리고 그것이 기폭제가 되어 일어난 전민족적 저항운동인 3·1 혁명에 대해 들었으리라. 아니 동주는 일찍이 3·1 만세운동에 대해 익히 알고 있었을 것이다. 룽징에서 일어난 1919년 만세운동을 동주의 모교인 명동소학과 은진중학 선배들이 주도했기 때문이다.

다시 동주 하숙집 이야기로 돌아가자. 도쿄 동주 하숙집은 그러니까 이곳이 아니다. 도쿄 교외에 있었던 동주 하숙집을 방문했던 문익환 목사는 이런 증언을 남겼다. "그 집은 이층집이었고, 동주의 방도 2층에 있었다. 6조 방이었던 것으로 기억한다. 동주는 내가 갔을 때 경도로 옮겨 가려고 이삿짐을 싸고 있었다."

도쿄 동주 하숙집 위치를 고증해 낸 이는, 앞서 소개한 야나기하라 야스코 여사다. 그녀가 동주 관련 자료를 찾기 시작한 건 송우혜 선생의 『윤동주 평전』을 읽다 보게 된 동주의 릿쿄 시절 사진 때문이었단다.

황석영 선생의 북한방문기 『사람이 살고 있었네』에는 보통 사람이라면 그냥 지나쳤을 동주 관련 에피소드가 소개돼 있다. 1989년 문익환 목사와 함께 북한을 방문했던 황석영 선생은 당시 북한 조선문학예술총동맹 위원장을 역임한 백인준을 만난다. 그는 자신이 릿쿄대학에서 유학할 때 동주와 같은 하숙집에 있었다는 이야기를 한다.

그런데 이를 매우 소중하게 여겨 기억한 일본인이 있었다. 다고 기치로. 그는 일본 공영방송 NHK 피디로 1995년 「하늘과 바람과 별과 시: 윤동주, 일본 통치하의 청춘과 죽음」이라는 다큐멘터리를 KBS와 공동으로 제작했기에 동주에 대한 관심이 남달랐다.

다고 기치로는 윤동주 추모사업을 하고 있던 야나기하라 야스코 여사에게 이 사실을 알린다. 릿쿄대학에서 백인준의 학적부에 적힌 주소지를 확인하고, 이를 통해 동주 하숙집 위치를 찾는 건 릿쿄대학 졸업생인 야나기하라 여사에겐 그리 어려운 일이 아니었으리라. 동주에 대한 애정이 무의미하게 나열되었던 파편적 사실들을 더없이 귀한 자료로 변화시킨 것이다.

백인준을 통해 동주를 만난 또 한 분의 증언을 소개한다. 삶이 곧 배움이며 사랑이라고 가르친 안병욱 교수다. 1942년 당시 그는 와세다대학에서 유학하고 있었는데 평양고보 시절 친구인 백인준을 통해 동주와 몽규를 만났다. 많지 않은 도쿄 시절 동주에 관한 회고라 더 귀하다.

> 밤늦게까지 문학을 이야기하고 철학을 논하고, 인생을 말하고, 민족을 걱정하고, 젊음과 꿈을 나누었다. 맥주를 마시면서 젊은 유학생들은 담소에 시간 가는 줄을 몰랐다. 송몽규는 다감하고 격정적이었다. 윤동주는 조용하고 내성적이고 차분했다. 그는 우리들의 열띤 이야기를 빙그레 웃으면서 조용히 듣고 있었다.

## 푸른 하늘 저 멀리 힘차게 나는

동주 하숙집은 릿쿄대학에서 걸어서 30분, 야마노테선 전철로는 두 정거장 떨어져 있다. 이 노선은 도쿄 전철 중 가장 오래되었다. 1925년에 이미 현재의 순환선이 완공되었다니 동주도 이 전철을 이용했을 것이다. 하숙집에서 가장 가까운 다카다노바바역에서 승차해 메지로역을 지나 이케부쿠로역에서 하차하고 거기서 걸어서 5분이면 학교에 도착한다.

동주의 하숙집 주소지는 두 곳이 확인된다. 두 곳은 걸어서 5분 거리로 매우 가깝다. 그런데 현재 이곳에는 日本フラワーデザイン専門学校(Nihon Flower Design Training School)와 日本点字図書館(Japan Braille Library)이 들어서 있다. 꽃꽂이를 가르치는 학교와 점자도서관이다. 평생 학생으로 살다 간 동주가 머물던 곳이 학교와 도서관이 되었다니 묘한 느낌이다.

동주가 도쿄에서 쓴 시 중 「사랑스런 추억」에 '동경 교외 어느 조용한 하숙방'이라는 표현이 나온다. 이 두 하숙집을 염두에 둔 표현일 것이다. 그런데 이 시는 '서울 어느 쪼그만 정거장'에서 시작한다. 봄이 오던 때 서울을 출발한 시적 화자는 봄이 다 갔을 때 도쿄에서 서울 시절을 그리워한다는 내용이다. 상상력을 발휘해 동주의 행적과 마음자리를 따라가 보자.

1942년 늦봄의 나른함이 느껴지는 때, 동주는 도쿄 다카다노바바역 플랫폼에서 열차를 기다린다. 문득 몇 달 전 떠나온 연희역이 불현듯 떠오른다. 부산역까지는 기차를 타고 왔지만 부산-시모노세키 구간은 관부연락선을 탔다. 하지만 일본 도착 후에도 계속 기차여행을 했기에 일정 전체가 기차로만 기억된 것일까?

애초 목표했던 학교에 낙방하고 사촌인 몽규와도 헤어져 도쿄로 왔다. 유학 생활은 만만치 않고 태평양전쟁 확전으로 미래는 불안만 더해 간다. 그래서일까? 여러 벗들과 자유롭게 모국어로 말하고 맘껏 문학을 공부했던 연전 시절이 더 그리워진다. '아아 젊음은 오래 거기 남아 있거라.'

● 동주 도쿄 하숙집 터

봄이 오던 아침, 서울 어느 쪼그만 정거장에서
희망과 사랑처럼 기차를 기다려

나는 플랫폼에 간신한 그림자를 떨어트리고
담배를 피웠다.

내 그림자는 담배연기 그림자를 날리고
비둘기 한 떼가 부끄러울 것도 없이
나래 속을 속, 속, 햇빛에 비춰, 날았다.

기차는 아무 새로운 소식도 없이
나를 멀리 실어다 주어

봄은 다 가고— 동경 교외 어느 조용한 하숙방

에서, 옛 거리에 남은 나를 희망과 사랑처럼
그리워한다.

오늘도 기차는 몇 번이나 무의미하게 지나가고

오늘도 나는 누구를 기다려 정거장 가차운
언덕에서 서성거릴 게다.

— 아아 젊음은 오래 거기 남아 있거라.

- 「사랑스런 추억」, 1942. 5. 15.

---

'동경 교외 어느 조용한 하숙방', 감정이 말끔히 배제된 시어의 연결이 오히려 서럽다. 이곳은 문익환 목사가 방문했다던 '6조 방', '육첩방은 남의 나라'의 그 하숙방일 것이다. 화자는 왜 쓸쓸한가? 옛 거리에 남은 자신을 '희망과 사랑처럼' 그리워하기 때문이다. 우리는 대체로 희망을 지난 일에서 찾지 않는다. 과거에서만 희망을 찾을 수 있다면 현재는 어떠했겠는가.

동주가 등하굣길에 이용했던 다카다노바바역 플랫폼을 찾았을 때다. 릿쿄대학 방향으로 향하는 전철과 그쪽에서 오는 전철을 열심히 촬영하고 있는데 시그널뮤직이 문득 귀에 꽂혔다. 분명 익숙한 멜로디인데 노래 제목은 생각나지 않았다.

한참 후에야 오래된 기억 속에서 노래 제목을 떠올릴 수 있었다. 어린 시절 좋아했던 만화영화, 「우주소년 아톰」의 주제가였다. 애니메이션 강국답게 전철 안내 방송에도 이런 노래를 활용하는가 짐작하다, 더 정확한 내용을 알고

● 다카다노바바역

싶어 일본에 유학 중인 제자에게 도움을 구했다.

돌아온 답은 뜻밖이었다. 내 기억에는 전혀 없지만 「우주소년 아톰」에서 아톰의 고향이 다카다노바바역으로 설정돼 있다는 것이다. 그래서 그 많고 많은 도쿄 전철역 중에서 유일하게 이곳만 만화영화 주제곡을 시그널 뮤직으로 활용한다는 설명이었다.

나는 조용히 노래를 불러 보았다. '푸른 하늘 저 멀리 라라라 힘차게 나는 우주소년 아톰' 그러다 순간 울컥했다. 동주도 '푸른 하늘 저 멀리 힘차게' 날고 싶어 이 먼 도쿄까지 왔겠지, 그러나 그는 교토에서 날개가 꺾여 후쿠오카에서 영영 눈을 감고 말았구나, 이렇게 생각하니 그 경쾌한 만화영화 주제가가 그리 비통하게 들릴 수가 없었다.

## 살아야 한다면 민중과 함께, 죽어야 한다면 민중을 위해

문학 교사로서 동주를 가르치고, 동주를 사랑하는 한 독자로서 그를 배우고, 그의 자취를 따라 걸었던 그 어떤 곳보다 주소지 숫자로만 남은 이곳 도쿄 하숙집 인근에서 나는 가장 서러웠다. 비는 내리고, '동경 교외 어느 조용한 하숙방'에서 '육첩방은 남의 나라'라고 쓸 때 동주는 얼마나 외로웠을까, 쓸쓸했을까, 부끄러웠을까. 이제야 동주의 마음자리 끄트머리에 겨우 닿은 기분이었다.

교토와 달리 어떤 표식도 없는 도쿄 동주 하숙집 터에서 어떻게 아쉬움을 덜 수 있을까? 나는 하숙집 주소지 근처를 한참 맴돌다 하숙집 바로 옆 초등학교로 눈길이 갔다. 2019년에 개교 100주년을 맞는 오래된 학교니 동주가 이곳에 하숙했을 때도 있었다. 동주는 일본 꼬맹이들의 재잘거림을 들을 때마다 북간도 룽징의 동생들을 떠올렸으리라.

나는 동주의 도보 등굣길도 따라가 보기로 했다. 지도 검색을 통해 최대한 직선거리로, 가능하면 옛 풍경이 남아 있는 길을 따라 걸었다. 그런데 연두색 표지판이 일정한 간격으로 눈에 띄는 게 아닌가. '通學路통학로', 동주를 위한 것은 아니겠으나 동주의 등굣길을 따라 제대로 걷고 있다는 착각은 더해만 갔다.

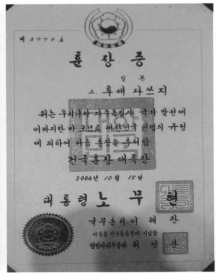

● 이 사진과 훈장증은 재일본 한국 YMCA 내 '2·8 독립기념 자료실'에 전시돼 있다.

 

동주 통학로에서 다소 벗어나지만, 그리고 동주는 가볼 수 없었던 곳이지만 한 곳을 더 찾아간다. 릿쿄대학에서 가장 가까운 역인 이케부쿠로역 인근의 한 묘소다. 일제강점기 일본과 조선에서 조선인을 변호한, 한 변호사가 동주의 모교 인근에 잠들어 있다.

2018년 11월 17일, 순국선열의날에 매우 뜻깊은 서훈이 있었다. 여성 32명이 대한민국 건국훈장을 추서받은 것이다. 그중에는 일본인도 한 명 포함되었다. 영화로 이름이나마 알려진 가네코 후미코, 박열 선생의 부인이다. 그런데 그녀는 대한민국 건국훈장 서훈을 받은 첫 번째 일본인이 아니다.

2004년 한 일본인이 대한민국 건국훈장 애족장을 추서받는다. 1953년 세상을 떠난 그를 대신해 손자가 훈장을 받았다. 일본인으로서 대한민국 건국훈장을 처음으로 받은 이, 그는 일제강점기 조선인에게 '아버지와 형 같은 존

● 이케부쿠로 조자이지常在寺의 후세 다쓰지 묘소다. 그의 고향에 있다는 현창비의 문구, '살아야 한다면 민중과 함께, 죽어야 한다면 민중을 위해'가 연상되는 명구가 새겨져 있다.

재이고 구조선과 같은 귀중한 존재'였다.

후세 다쓰지布施辰治, 그가 처음으로 조선인을 변호한 것은 1919년 2·8 독립 선언 사건 때다. 그는 1923년 관동대지진 당시에는 조선인 학살 진상조사단을 꾸려, 문자 그대로 목숨을 걸고 조선인을 보호하기도 했다. 선생은 '조선 독립운동에 경의를 표함'이라는 글을 쓰기도 했다.

후세 변호사는 어떻게 식민지 조선에 이러한 애정과 관심을 가질 수 있었을까? 잡지에 기고한, 한 글에서 그는 "일본과 한국의 합병은 어떤 미사여구로 치장하더라도 실제로 그 이면은 자본주의적 제국주의의 침략이라고 생각한다."고 썼다. 일제의 조선 강점의 본질을 정확하고 명료하게 파악한 것이다.

1920년 5월 후세 다쓰지 변호사가 발표한 「자기혁명의 고백」을 동주가 읽었다면 일본에서의 삶이 조금은 덜 외롭지 않았을까? '산모퉁이를 돌아 논가

● 히비야공회당

외딴 우물을 홀로 찾아가선 가만히 들여다보겠다'던 그의 '자화상'을 이 글에서 발견하지 않았을까, 상상해 본다.

> 인간은 누구라도 어떤 삶을 살아가는 것이 좋은지에 대해 정직한 자신의 목소리를 들어야만 한다. 이것이 양심의 목소리다. (…) 종래의 나는 '법정의 전사라고 말할 수 있는 변호사'였다. 하지만 이제부터는 '사회운동의 한 병사로서의 변호사'로서 살아갈 것을 민중의 한 사람으로서, 민중의 권위를 위해 선언한다. 나는 중요한 활동의 장소를 법정에서 사회로 옮기겠다.

1953년 9월 13일 세상을 떠난 후세 다쓰지의 고별식이 히비야공회당에서 열렸다. 많은 조선인이 참여한 것은 물론이다. 히비야공원은 조선 유학생이 2·8 독립선언을 하다 체포된 공간이고 후세 변호사와 첫 인연을 맺은 곳이기도 하다. 한복을 즐겨 입었다던 후세 다쓰지 선생은 손자에게, 그리고 우리에게 이런 문장을 선물하기도 했다.

내가 헛되이 보낸 오늘 하루는 어제 죽은 이가 그토록 갈망하던 내일이다.

## 우에노공원과 이토 히로부미

동주의 성찰은 주저함이 아니며 섬세함은 심약함이 아니다. 모국어로 시를 쓰기 위해 일본 유학을 감행했던 동주의 행적에서 이를 짐작할 수 있다. 일본 유학 시절 동주의 마음자리를 조금 더 살필 수 있는 자료는 없을까? 윤영춘 선생의 증언에 이런 게 있다.

나는 둘의 손목을 마주 잡고 우에노공원과 니혼바시를 내 집 뜨락처럼 쏘다녔다. 문학과 인생에 대한 이야기를 하는 가운데서 동주는 벌써 물욕을 떠난 하나의 메타피지컬한 철학적 체계를 갖춘 단계에 이르렀다는 것을 보여 주었고, 말할 적마다 시와 조선이라는 이름은 거의 말버릇처

● 우에노공원  공원 초입에는 대표적인 정한론征韓論 주창자 사이고 다카모리의 동상이 서 있다.

럼 동주의 입에서 자주 튀어나왔다.

동주가 말버릇처럼 '조선'을 되뇌었다는 우에노공원은 그러나 우리 역사와
질긴 악연으로 엮여 있다. 메이지 시대 이곳은 박람회장으로 활용되며 박물
관과 동물원이 들어선다. 이를 주도한 이가 이토 히로부미다. 그는 일본 황실
제도를 정비하며 총리 자격으로 우에노공원을 근대식 공간으로 탈바꿈한다.

이토의 우에노공원 조성이 왜 우리와 악연인가? 1905년 을사늑약 이후 대
한제국은 일제가 파견한 통감의 내정 간섭을 받는데, 잘 아는 것처럼 초대 통
감이 이토다. 그는 통감 자격으로 1907년 또 하나의 우에노공원을 조선에 조
성한다. 창경'원'이다. 조선왕조와 대한제국의 지엄한 공간을 한낱 유락 시설
로 훼철한 것이다.

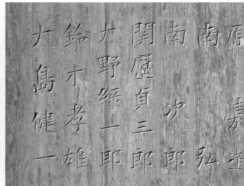

● 우에노공원 왕인 박사비　비 뒷면에 미나미 지로南次郎의 이름이 확인된다.

우에노공원과 우리의 악연은 이어진다. 이곳에는 왕인 박사 기념비가 있다. 왕인 박사는 4세기 백제에서 도래했다고 알려진 전설상의 인물이다. 그는 고대 일본에 처음으로 『논어』와 『천자문』을 전했으며, 도래씨 계족인 서문西文씨의 조상이 되었단다.

백제계 도래인이 고대 일본에 문명을 전하고, 이를 잊지 않은 일본인이 기념비를 세웠다니 자랑스럽고 기쁜 일인가? 전혀 그렇지 않다. 이 기념비의 설립에는 매우 불순한 의도가 있다. 기념비가 세워진 시기를 따져 보면 이러한 사실이 드러난다. 두 개의 기념비는 1940년과 1941년에 각각 세워진다.

1940년이면 중일전쟁이 확전 일로에 있던 때다. 일제는 부족한 군수물자와 병력을 식민지 조선에서 징발하려고 했다. 이를 효율적으로 실행하기 위해선 일본과 조선이 하나라는 '정신 무장'이 필요했다. 두 나라가 하나니 같은 이름을 써야 한다는 논리에서 창씨개명이, 같은 언어를 사용해야 한다는 논리에서 '국어', 일본어 전용이 강제되었다.

이런 사례를 과거에서 억지로 끌어온 것이 왕인 박사다. 고대로부터 한반

● 인왕산 병풍바위  가장 큰 글자는 가로, 세로 4m가 넘는다.

도 사람들이 일본에 '귀화'한 것을 '내선일체'의 구실로 삼은 것이다. 비 뒷면에 새겨진 발기인 중 당시 조선 총독 미나미 지로의 이름이 포함된 것에서 이런 저의를 알 수 있다.

그런데 미나미 지로는 이미 서울에서 우리 민족에게 큰 죄를 짓고 있었다. 한양의 우백호 인왕산 병풍바위에 '東亞靑年團結동아청년단결'이라는 글씨를 새긴 것이다. 1939년 국가총동원 체제 강화를 위해 개최된 대일본청년단대회를 기념한다는 명목에서다.

왜 인왕산이었을까? 서울을 한눈에 굽어볼 수 있는 곳이고 서울 사람들은 안 보려야 안 볼 수 없는 위치였기 때문이다. 해방 5년 후 이를 지우기 위한 공사를 추진 중이라는 기사가 확인되지만 병풍바위에는 지금도 상처가 깊다.

동주는 연전 후배 정병욱과 함께 1941년 초여름부터 가을 직전까지 인왕산 아래 누상동에서 하숙을 했다. 둘은 아침이면 인왕산 수성동 계곡을 올라 운동도 하고 세수도 했단다. 그때 이 흉측한 글자들이 두 사람에게 보이지 않았을 리 있는가?

사정이 이러한데 한국의 한 단체가 기념비 옆에 왕인 박사 청동상을 설치했다. 왕인 박사의 고향이라는 영암군에서 주도했다. 자기 고향 출신 인물을 추앙하고 싶은 마음이야 이해되지만 그 전후 사정을 알아보는 게 순서 아닐까. 이런 상황을 아는 일본인이 있다면 한국인들이 얼마나 가소롭겠는가.

## 날자 날자 날자 한 번만 더 날자꾸나

이제 우에노공원과 함께 동주가 걸었다던 니혼바시로 가보자. 니혼바시는 한자로 '日本橋'다. 이곳은 도쿠가와 이에야스가 전국 도로 정비 계획의 기점으로 삼은 곳이다. 그래서 여기에 일본 국도의 원표 청동상이 있다. 도쿄에서 지방 도시 간의 거리를 잴 때 기준이 되는 곳이다. 현재 다리는 에도 시대의 것은 아니고 1911년 다시 만든 것이다. 동주 일행도 분명 이 다리에서 시작해 니혼바시 곳곳을 쏘다녔으리라.

첨단의 마천루 숲 니혼바시에서 동주는 어떤 느낌이었을까? 어쩌면 동주는 그리 낯설지 않았을지도 모른다. 그가 연전 재학 시절 자주 들렀던 서울의 명치정과 본정이 도쿄의 니혼바시를 축소해 조성한 곳이기 때문이다. 일명 '대경성'이다.

동주는 경성 미쓰코시백화점 본점이 니혼바시에 있다는 사실도 알고 있었으리라. 미쓰코시백화점은 일본의 대표적인 백화점으로 명성이 높았고, 니혼바시의 본점 건물은 1914년 완공돼 동주 도쿄 시절에는 이미 성업 중이었다. 그러나 동주는 아마 다른 이유로 미쓰코시백화점을, 아니 그 옥상에 꼭 가보고 싶었으리라. 왜 그럴까? 이상의 「날개」 때문이다.

이 소설에서 경성 미쓰코시 옥상에 오른 '나'는 근대 자본주의의 한복판에서 꼭두각시처럼 흘러가는 식민지 조선인을 응시한다. 그 누구보다 자신이 그런 모순을 절감하고 있는 처지였기 때문이다. 그리고 이렇게 외친다, 아니

● 미쓰코시백화점 본점　三越의 일본어 발음이 '미쓰코시'다.

실제로는 소리가 되지 못한 채 마음으로만 절규한다.

　　날개야 다시 돋아
　　날자 날자 날자 한 번만 더 날자꾸나
　　한 번만 더 날아 보자꾸나

　1938년 연희전문에 입학한 동주는 이상을 읽었을까? 반드시 읽었을 것이다. 그와 문학적 성향이 다소 달랐더라도 이상은 당시 조선 문학의 총아였다. 매우 성실한 문학청년 동주가 이상을, 「날개」를 놓쳤을 리 없다. 그는 친척 동생인 윤영선에게 이상 읽기를 권하며 이런 평을 하기도 했다. "이상의 글은 매운 데가 있다."

● 도쿄대학 부속병원

니혼바시 미쓰코시백화점 옥상에 올라 메트로폴리스 도쿄를 바라볼 때 동주는 자연스럽게 이상을 생각했을 것이다. 한 번만 더 날아서 벗어나고 싶던 식민지 조선에서 그토록 동경했던 도쿄에 왔지만 결국 폐결핵으로 요절한 천재 작가 이상을 떠올리지 않고 누굴 떠올렸겠는가?

「날개」의 결말이 강렬해서인지 사람들은 이상이 조선에서 자살한 것으로 지레짐작한다. 그러나 이상이 생을 마감한 곳은 도쿄다. 1936년 10월 일본에 도착한 이상은 다음 해 2월 '불령선인不逞鮮人'으로 경찰서에 구금되고 이때 폐결핵이 악화된다. 그가 위독하다는 급보를 듣고 일본으로 건너온 이는 4개월 전 이상과 결혼한 변동림이었다.

도쿄제국대학 부속병원에 입원해 있는 이상에게 그녀가 물었다. "뭐가 먹고 싶어?" "센비키아千疋屋의 멜론." 센비키아는 1894년 창업해 지금도 영업을

● 센비키아

하는 고급 과일가게다. 이상이 도쿄에 있었을 당시에도 시즈오카 온실에서 특별히 재배된 멜론이 센비키아의 주력 상품이었단다. 레몬이었다는 증언도 있는데 그게 무슨 상관인가. 변동림의 증언이다.

나는 철없이 천필옥에 멜론을 사러 나갔다. 안 나갔으면 상은 몇 마디 더 낱말을 중얼거렸을지도 모르는데. 멜론을 들고 와 깎아서 대접했지만, 상은 받아넘기지 못했다. 향취가 좋다고 미소 짓는 듯 표정이 한 번 더 움직였을 뿐 눈은 감겨진 채로.

이상은 26세로 타국에서 눈을 감았다. 변동림은 이상의 시신을 화장한 후, 유골을 안고 경성으로 돌아온다. 그리고 역시 폐결핵으로 숨진 김유정과 합동 영결식을 치른다. 선배 문인의 처연한 사연이 깃든 도쿄대학 부속병원을 동주는 와보았을까?

아직도 한국 문학사가 미처 도달하지 못한 지점에 미리 가 있었다는 이상, 그가 왜 그토록 절망했는지, 날개가 돋아 훨훨 날아가고 싶었던 이곳과 저곳은 어디였는지, 해석은 무수하다. 그러나 분명한 것은, 다소 괴팍하고 거칠긴 했지만 이상이 식민지 지식인으로서 현실을 직시했다는 사실이다. 그에게 초현실주의는 한갓 문학적 유희가 아니었다. 도무지 현실감이 없는 식민지 현실에서의 글쓰기는, 실패할 수밖에 없으나 그렇다고 포기할 수도 없는 이상의 예술적 항변이었다고 나는 믿는다.

## 진보초에서 동주를 상상하다

동주와 함께 하는 도쿄 산책도 이제 막바지로 접어든다. 우에노공원에서 니혼바시로 갈 때 자연스럽게 경유하는 곳이 있다. 고서점 거리 진보초다. 이상이 처음 도쿄에 도착해 거처를 정한 곳도 이곳이다. 조선 유학생들이 많이 살고 있었기 때문이다.

서울에서도 명동과 을지로 서점가를 누볐던 동주가 이곳을 그냥 지나쳤을 것 같지 않다. 그럼 동주가 들어가 보았을 서점이 지금도 남아 있을까? 동주가 릿쿄대학에서 공부하던 1942년 이전부터 현재의 자리에서 영업을 했고 지금도 운영되는 곳이 후보가 될 수 있겠다.

가장 대표적인 서점이 1903년 개업한 잇세이도一誠堂다. 이 서점은 관동대지진 때도 가장 먼저 재개장했고 두 번의 화재에도 같은 자리에 다시 문을 열었다고 한다. 『설국』의 가와바타 야스나리도 자주 들렀던 곳이라고 하니 당시 명성도 만만치 않았으리라.

다른 후보는 기타자와서점北沢書店이다. 이곳은 1902년 개업했는데 지금은

● 잇세이도

영문 고서만을 취급하는 전문서점이다. 지금까지 한 번도 문 닫는 일 없이 3
대째 가업을 이어 오고 있다니 동주의 방문 가능성도 적지 않다. 영문학을 전
공한 동주가 특별히 아꼈을 서점이 아닐까 짐작했는데, 1958년 이후에야 영
문 전문서점이 되었단다.

　이곳의 명성을 확인해 준 일화가 있다. 아키히토 일왕의 부인인 미치코 왕
후는 한 기자회견에서 이런 질문을 받는다. "신분을 숨기고 투명인간이 돼 하
루를 보낸다면 어디에서 무엇을 하고 싶은가요?" 문학적 재능이 뛰어나고 특
히 어린이 책에 관심이 많던 그녀는 이렇게 말했다. "학창 시절에 다니던 진
보초 고서점에 가서 책을 읽고 싶습니다." 그 진보초 고서점이 기타자와서점
이다.

● 기타자와서점

3장

玄海灘에서
동주를 통곡한다

후쿠오카

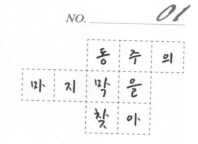

## 세상에 이런 일도 있어요

오래 궁금했다. 동주는 감방에서 파도 소리를 들었을까? 후쿠오카형무소는
아부라야마강과 무로미강이 만나는 지점에 있었고, 두물머리에서 바다까지
는 1km 남짓이다. 모두 것이 잠든 깊은 밤, 동주는 바다를 건너오는 파도 소
리를 들었을까?

　그래서 나는 후쿠오카형무소 터에 가기 전, 그곳에서 가장 가까운 바닷가
를 찾았다. 동주가 들었을지도 모를 파도가 부딪히는 곳을 꼭 가보고 싶었기
때문이다. 그곳은 후쿠오카타워와 가까운 곳이지만 관광객은 거의 찾지 않는
한적한 바닷가다.

　1930년대 후쿠오카 지도를 보면 이곳은 녹색 점으로 표시돼 있다. 아마도

● 火葬場이란 글자 바로 아래 刑務所가 보인다.

송림을 표현한 듯하다. 지금도 적잖은 소나무가 서 있다. 그런데 지도에는 녹색 점과 아이보리로 표현된 모래사장 위에 세 글자가 찍혀 있다. 파란 동그라미 속 글자는 '火葬場<sup>화장장</sup>'. 동주의 육신이 뼛가루가 된 곳이 바로 여기다.

카메라에 담긴 소나무 숲은 음험하기 그지없다. 이곳에서 아들 동주를 화장한 윤영석 선생에게 소나무가 감옥의 창살처럼 느껴지진 않았을까? 그렇게 감정이입을 하니 무서운 생각이 들었다.

이곳에서 형무소 터 쪽으로 걸어가면 현재의 후쿠오카구치소와 담장을 잇댄 작은 공원을 만난다. 매년 동주 기일에 '윤동주 시를 읽는 모임' 회원들이 추모 모임을 열고, 동주 시비를 건립하려고 애쓰고 있는 모모치니시<sup>百道西</sup>공원이다. 내가 찾았을 때 동네 아이들 몇은 경쾌하게 뛰어놀고 부모로 보이는 어른 몇은 한가롭게 앉아 있었다. 그 평화로움이 무척 당혹스러웠다.

동주는 수감 생활을 1년도 채우지 못했다. 나는 '못했다'고 썼다. 진심으로 그가 만기 출소했기를 바랐기 때문이다. 징역 2년을 선고받은 동주는 앞서 말했듯 1945년 11월 30일 출감 예정이었다. 그러나 그는 1945년 2월 16일 새벽

● 후쿠오카 화장장 터

3시 36분, 해방을 반년 앞두고 절명했다.

관 두껑을 열자 "세상에 이런 일도 있어요?"라고 동주는 내게 호소하는 듯했다. 사망한 지 열흘이 되었으나 구주제대에서 방부제를 써서 몸은 아무렇지도 않았다. 일본 청년 간수 하나가 따라와서 우리에게 하는 말, "아하, 동주가 죽었어요, 참 얌전한 사람이……. 죽을 때 무슨 뜻인지 모르나 외마디 소리를 높게 지르면서 운명했지요."

동주의 외마디는 무엇이었을까? 울분과 비통으로 의미를 담지 못한 비명이었을까? 아닐 것 같다. '조선독립운동' 혐의로 체포 구금되었으니 '독립 만세'를 외쳤을까? 그것도 아닌 것 같다. 아마도 동주는 '어머니!'를 불렀으리라.

● 모모치니시공원

사랑하는 가족과, 그리운 고향과, 애처로운 조국을, 동주는 마지막으로 목놓아 불렀으리라.

　동주가 갇혀 있던 후쿠오카형무소福岡刑務所는 사라졌다. 현재 그 자리에는 후쿠오카구치소福岡拘置所가 들어섰다. 나는 가까이 다가가지 못했다. 출입문 뒤의 직원이 불편하기도 했지만, 이유를 알 수 없게 몸서리가 쳐졌기 때문이다.

　나는 멀리서 망원렌즈로 정문을 담았다. 유난히 작은 일본의 표지판 때문에 '福岡拘置所' 다섯 글자가 제대로 보이지 않을까 염려돼 수십 장 이상을 찍었다. 그런데 뷰파인더로 예상치 못한 장면이 들어왔다. 작은 철문이 열리더니 한 직원이 자전거를 사뿐 들어 문을 나선 후 자전거 페달을 밟아 심상히 가는 게 아닌가. 그 장면을 찍으면서 왜 그리 눈물이 났는지 모르겠다.

● 출입문 오른쪽에 福岡拘置所도 확인된다.


## 죽은 동주는 후에 찾기로 하고

평생 오빠를 그리워하며 오빠의 이름에 누가 될까 앞서지 않되 오빠의 일이라면 챙기지 않은 일이 없던 동주의 누이동생이 있다. 윤혜원 여사다. 그녀가 오빠의 연전 동기인 강처중 선생 부인을 만났을 때 이야기다. 세 시간여의 만남 동안 윤혜원 여사는 첫인사로 시작해 이 말을 백번 넘게 반복했다고 한다. "사모님은 좋으시겠어요. 강처중 선생은 좋으시겠어요. 장가가셨잖아요. 자식 봤잖아요."

민망해하는 강처중 선생 부인의 반응도, 그걸 옆에서 지켜보고 있는 조카의 만류도 소용 없었다. 얼마나 먼저 간 오빠가 사무쳤으면, 결혼 못 하고 후손 못 남긴 오빠의 죽음이 얼마나 한이 되었으면 그랬을까. 백발이 된 여동생은 오빠 친구의 자손을 보며, '우리 오빠는 너무 일찍 갔구나!' 하는 평생의 탄식을 도무지 주체하지 못했던 것일까? 한국전쟁 이후 소련으로 간다는 한마디를 남기고 떠난 남편을 평생 그리워하고 원망했을 오빠 친구 부인의 아픔을 짐작하지 못할 만큼 여동생은 서러웠던 것이리라.

나는 동주의 죽음을 떠올릴 때마다 윤인석 교수가 들려준 이 이야기가 먼저 생각난다. 동주가 세상을 떠난 후쿠오카형무소 터에서도 마찬가지였다. 한국인 모두가 갖는 동주 죽음에 대한 안타까움을 다 더한다 해도 윤혜원 여사 한 분의 한스러움을 넘지 못할 것이다.

동주의 죽음은 전보로 전해진다. 윤일주 교수에 따르면 일요일에 전보가 왔다는데 정확한 날짜는 1945년 2월 18일이다. "16일 동주 사망, 시체 가지러 오라." 1944년 4월 이후 한 달에 한 번씩 오던, 여백이 아까워 꼼꼼히 채워 쓴 동주의 친필 엽서가 아니었다.

동주의 아버지 윤영석 선생이 길 떠날 준비를 하자, 아버지가 만류한다. 미군 공습으로 일본으로 건너가는 관부연락선이 언제 침몰할지 모르는 상황이었기 때문이다. 아들까지 잃을까 염려돼 손주의 유해를 수습하러 가지 못하게 막아서는 할아버지는 얼마나 기가 막혔을까?

그러나 윤영석 선생이 후쿠오카에 가지 않을 도리가 있었겠는가. 그는 신징新京에 있던 윤영춘 선생과 함께 후쿠오카로 향한다. 신징에서 압록강 철교를 건너 경성 거쳐 부산까지 운행했던 '히카리光'를 탔을 것이다. 같은 이름의 기차가 지금도 일본열도를 달린다.

윤영석 선생이 후쿠오카로 출발한 후 집으로는 전보보다 일찍 보냈지만 뒤늦게 배송된 우편 통지서가 하나 더 도착한다. '동주 위독하니 보석할 수 있음. 만일 사망 시에는 시체를 가져가거나 아니면 구주제대 의학부에 해부용으로 제공할 것. 속답 바람.'

당시 룽징에서 일본 후쿠오카를 가자면 지금의 중국 동북지역과 한반도 전체를 가로지르고 다시 대한해협을 건너야 했다. 윤영석 선생은 꼬박 십 일 걸

● 후쿠오카구치소

려 후쿠오카에 도착했다. 그 먼 길에 동주 아버지는 얼마나 아들이 보고 싶었을까. 시신이나마 자신의 두 눈으로 살피고 얼굴이라도 쓸어 주고 싶었으리라. 그러나 두 분은 죽은 동주는 후에 찾기로 하고 산 사람부터 먼저 찾아야겠다는 생각에서 몽규를 먼저 찾았다.

> 몽규는 반쯤 깨어진 안경을 눈에 걸친 채 내게로 달려온다. 피골이 상접이라 처음에는 얼른 알아보지 못하였다. (…) 입으로 무어라고 중얼거리나 잘 들리지 않아서 "왜 그 모양이냐"고 물었더니, "저놈들이 주사를 맞으라고 해서 맞았더니 이 모양이 되었고 동주도 이 모양으로……" 하고 말소리는 흐려졌다.

동주는 어떻게 죽었는가? 후쿠오카형무소는 동주의 사인을 뇌일혈로 적었다. 이것이 공식적인 기록이다. 그러나 공식적이라고 해서 그것이 곧 사실이고 진실인 것은 아니다. 그래서 우리는 아직 동주 죽음의 원인을 모른다고 생각한다.

동주가 후쿠오카형무소에서 옥살이를 시작했을 때 육체적으로 적잖이 쇠약해졌을 것이다. 체포된 이후 20개월 동안 거듭되는 심문과 재판을 거쳤기 때문이다. 하지만 동주 같은 사상범에겐 힘든 강제 노역을 시키지 않았기에 생명에 지장이 있을 정도로 건강이 악화되진 않았을 것이다.

동주는 정신적으로도 비교적 건강했을 것으로 추정된다. 동생 일주가 "붓 끝을 따라온 귀뚜라미 소리에도 벌써 가을을 느낍니다."라고 쓰자, "너의 귀뚜라미는 홀로 있는 내 감방에서도 울어 준다. 고마운 일이다."라고 답장할 만큼 여유가 있었다.

우리가 주목할 것은 몽규의 증언에 등장하는 '이름 모를 주사'다. 한국 문학을 전공한 고노 에이치는 윤영춘 선생의 기록을 보고 일본에서 영화로도 제작된 적이 있는 소설 한 편을 떠올린다. 그리고 동주가 '생체실험'으로 사망했을 수 있다고 주장한다.

그가 떠올린 소설은 엔도 슈사쿠의 『바다와 독약』이다. 이 소설은 태평양전쟁 말기에 있었던 실제 사건을 소재로 한다. 1945년 5월 초 후쿠오카를 폭격하던 B29 폭격기가 추락한다. 이때 생포된 미군에게 규슈제대 의과대학 교수진이 생체실험을 한 것이다.

전쟁 중에 이곳 의대 의사들이 포로로 잡힌 비행사 여덟 명을 대상으로 의학실험을 한 사건이었다. 실험의 목적은 주로 인간은 혈액을 얼마나 잃으면 죽는지, 혈액 대신 식염수를 얼마나 주입할 수 있는지, 폐를 잘라 내면 인간은 몇 시간이나 버틸 수 있는지 알기 위한 것이었다.

● 『바다와 독약』에서 생체실험이 자행된 본관 건물이 3층으로 묘사돼 있는데 아마도 이 건물로 추정된다.

혈액을 대신할 수 있는 식염수의 최대 주입을 조사하는 실험은 '전쟁 의학에서는 으뜸가는 요청'이라고 한다. 전시에 혈액은 늘 부족하지만 공급은 원활치 않다. 그래서 반드시 혈액 대체제가 필요하다. 하지만 전쟁이 길어지면 투입 시 혈액 생성에 도움이 되는 식염수의 공급도 어려워지고 이를 대체할 무언가가 다시 필요해진다.

식염수는 깨끗한 소금물이니 바닷물을 식염수의 대체제로 생각하는 건 자연스럽다. 그래서 고노 에이치는 동주와 몽규를 비롯해 조선인 수감자만 맞았다는 '이름 모를 주사'가 바닷물이었을 가능성이 높다고 주장한다. 수감자 대상의 예비 실험으로 얻은 데이터를 바탕으로 미군에 대한 생체실험이 이루어졌다는 추론이다.

바닷물이 인체에 주입된다고 해서 사람이 사망할까? 아무리 깨끗한 바닷

● 규슈대학병원

물이라도 미생물이 들어 있고 이것이 뇌혈관으로 가면 뇌일혈을 일으킨다. 동주의 공식적인 사망 원인과 일치한다. 인과관계가 확인되진 않지만, 동주를 포함한 조선인에게 '이름 모를 주사'를 놓았던 1944년과 1945년, 후쿠오카형무소의 사망자는 전년 대비 2배와 4배로 증가한다.

동주의 위독함을 알렸던 편지에 가족이 오지 않으면 시신을 제공하겠다던 곳, 그리고 동주 시신에 방부처리를 했다는 '구주제대 의학부'는 현재의 규슈대학 의과대학이다. 사람을 치료해 살리는 것이 마땅한 병원의 존재 이유인데, 산 사람을 생체실험해 죽인 곳이라고 생각하니 답사라도 선뜻 내키지 않았다.

동주가 이곳에 끌려와 미군과 같은 꼴을 당하지 않았으니 다행이라고 해야 할까, 윤영석 선생이 후쿠오카에 오지 않았다면 동주는 이곳에서 또 어떤 짓

● 九州大學病院구주대학병원이라고 쓰인 정문이다.

을 당했을까? 상념과 상상이 뒤죽박죽이었다. 더할 수 없이 높은 후쿠오카의 가을 하늘이 하얼빈의 '중국 침략 일본군 제731부대 범죄 증거 전시관'을 답사했을 때의 쨍한 겨울 하늘과 겹쳤다.

## 당신의 젊음이 눈부시고 애잔합니다

후쿠오카형무소 터를 떠나며 나는 「서시」의 시구를 수없이 웅얼거렸다. '죽는 날까지……', '죽는 날까지……' 그러나 이 구절과 한 몸과도 같은 '하늘을 우러러 한 점 부끄럼이 없기를'은 이상하리만치 이어지지 않았다. 이곳에 동주 시비를 세우려는 이들도 「서시」를 새길까, 그렇다면 그들은 '죽는 날까지' 다섯 자를 감당할 수 있을까?

● 이부키 고가 번역 출간한 일본 최초의 윤동주 시집이다.

그러면서 동주의 시를 처음 일본어로 번역한 이부키 고, 그가 일역한 「서시」의 번역 문제도 떠올랐다. 도시샤대학 시비에도, 교토조형예술대학 시비에도 그의 번역이 새겨져 있기에 단순한 문제가 아니라는 여러 연구자의 지적까지 더해져 머리는 더 복잡해진다.

死ぬ日まで空を仰ぎ
一点の恥辱なきことを、
葉あいにそよぐ風にも
わたしは心痛んだ。
星をうたう心で
生きとし生けるものをいとおしまねば
そしてわたしに?えられた道を
歩みゆかねば。

今宵も星が風に吹き晒らされる。

이부키 고의 번역에 대한 문제 제기는 크게 두 가지다. 먼저 시집의 제목, 『하늘과 바람과 별과 詩』의 '하늘'과 시의 첫 구절, '죽는 날까지 하늘을 우러러'의 '하늘'을 모두 '空'으로 번역한 점이다.

일본에서 '空'은 물리적 공간을 의미할 뿐, 종교적·사상적 의미는 없다고 한다. 「서시」에서 '하늘'은 물론 물리적 공간이지만 동시에 '한 점 부끄럼 없기'의 기준이 되는 절대적 존재이기도 하다. 이는 매우 자명한 사실이다. 우리는 지금도 '하늘에 맹세코', '하늘을 우러러'를 엄격한 맹세의 언표로 사용하기 때문이다. 여기에 부합하는 일본어가 없는 것도 아니다. '天'이다. 그런데도 굳이 '하늘'을 '空'으로 번역한 이유를 모르겠다는 것이다.

또 한 가지는 6행의 '모든 죽어 가는 것을 사랑해야지'의 번역이다. 이부키 고는 '모든 죽어 가는 것'을 '生きとし生けるもの'로 번역했는데, 이를 직역하면 '모든 살아 있는 것' 정도의 뜻이다. '모든 죽어 가는 것'은 아직 죽지 않은 존재이니 '모든 살아 있는 것'과 형식 논리적으로 같은 뜻이긴 하다. 그럼 문제가 없는 것일까? 서경식 선생의 생각은 다르다.

원문을 그대로 읽으면 굳이 '모든 살아 있는 것' 따위로 거드름 피는 번역어를 고를 이유를 찾기 어렵지만, 일본에서는 이부키 고 번역이 정역본으로 보급돼 있다. 일본의 많은 독자가 일본이 식민지 지배를 통해 조선 민족에게 해를 가한 사실을 자세히 알고 싶어 하지 않는다. 꺼림칙한 과거를 되돌아보고 싶지 않은 것이다.

「서시」의 일역과 관련해 이부키 고를 평가하면 마음이 편치 않다. 하지만 그게 전부는 아니다. 이부키 고의 「時代시대의 아침을 기다리며」를 번역한 윤

● 제목의 네 단어를 사진으로 편집한 게 이채롭다.

일주 선생은 그를 이렇게 소개했다. "동주의 작품을 일어로 번역하기 시작하여 (…) 13회에 걸쳐 싣는 한편 시인의 옥고, 옥사의 원인, 경찰에 압수되었던 원고 등을 찾아 도쿄, 교토를 수차 왕래하면서 당시의 대학 관계자, 담당 형사, 재판관 등을 탐색 면담하는 등 끈질긴 추적을 하였다."

이 글이 한국에서 발표된 1985년 봄이면 아직 오무라 마스오 교수가 동주의 묘를 발견하기 전이다. 이부키 고는 그러니까 일본인으로서 동주를 가장 먼저 연구하고 그의 시를 번역해 일본인에게 알린 연구자인 셈이다. 동주와 몽규 재판 판결문을 발굴한 이도 그다. 이부키 고는 판결문의 촬영이나 필사가 허락되지 않자 사진가와 동행해 몰래 판결문을 촬영했고 공개했다.

이부키 고와 함께 동주를 일본인에게 널리 알린 시인이 또 있다. 전후 일본에서 문학적으로 높은 성취를 이루고 대중적으로도 널리 사랑받은 시인 이바라키 노리코다. 「비운의 청년 시인, 윤동주」라는 그녀의 글이 문학 교과서에 실리면서 동주의 시와 생애가 많은 일본인에게 소개됐다. 특히 동주 시비를 세 개나 품고 있는 교토시 소재 고등학교에서 치쿠마쇼보筑摩書房 발행 「精選

現代文정선현대문B」 교과서를 채택했다니 더 반가운 마음이다.

이바라기는 늦은 나이에 한글을 배웠다. 그 기념으로 집 뜰에 무궁화를 심었다는 그녀는 한국인을 '더 이상 용해될 수 없는 굳고 맑은 결정처럼 단단하고 굳센 사람들'이라고 썼다. 동주가 대학생이었을 때 자신은 여고생이었으니 그때 만났다면 '동주 오빠'라고 불렀을 거라고 농담했다던 이바라기 노리코는 「이웃나라 말의 숲」에서는 동주를 직접 등장시킨다.

(…) 지도 위 조선을 새까맣게 먹칠해 놓고 가을바람을 듣는다
다쿠보쿠의 메이지 43년의 노래
일본말이 한때 걷어차 버리려 했던 이웃나라 말
한글
지우려 해도 결코 지울 수 없었던 한글
용서하십시오 ゆるして下さい (…)


속담의 보물 창고이며
해학의 숲이기도 한
대사전을 베개로 선잠을 자면
"좀 늦었네"라고
윤동주가 다정하게 꾸짖는다
정말 늦었다
하지만 어떤 일이든
너무 늦었다고 생각지 않으려 합니다
젊은 시인 윤동주
1945년 2월 후쿠오카형무소에서 옥사
그것이 당신들에겐 광복절

● 이바라기 노리코의 시집 『寸志손시』다. '변변찮은 선물'이라니, 적어도 내겐 결코 그렇지 않다.


우리들에겐 항복절降伏節

8월 15일을 거슬러 올라 불과 반년 전이었을 줄이야

아직 학생복을 입은 채로

순결만을 동결시킨 듯한 당신의 눈동자가 눈부십니다


- 하늘을 우러러 한 점 부끄럼이 없기를 -


이렇게 노래하고

당시 용감하게 한글로 시를 썼던

당신의 젊음이 눈부시고, 그리고 애잔합니다 (…)

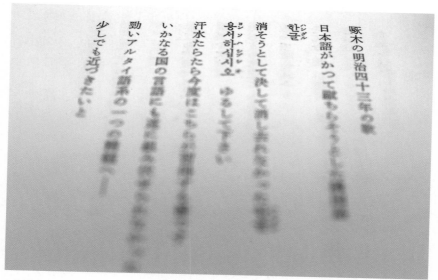

● 「이웃나라 말의 숲」 일부로, '한글'과 '용서하십시오'라는 시어가 뭉클하다.

'지도 위 조선을 새까맣게 먹칠해 놓고 가을바람을 듣는다 다쿠보쿠의 메이지 43년의 노래'는 무슨 뜻일까? 이시카와 다쿠보쿠는 우리나라의 김소월에 비견되는 일본 시인이다. 본명이 백기행인 한 조선 시인은 이시카와 다쿠보쿠石川啄木를 좋아해 필명을 '백석白石'이라 했다. 「나와 나타샤와 당나귀」의 바로 그 백석이다.

이바라기 노리코가 오마주한 작품은 다쿠보쿠의 「9월 밤의 불평」이다. '지도 위 조선을 새까맣게 먹칠해 놓고 가을바람을 듣는다.'에 이어지는 시구는 '누가 나에게 저 피스톨이라도 쏘아 줬으면 이토 수상처럼 죽어나 보여 줄걸'이다.

메이지 43년은 대한제국이 망한 1910년이다. 8월 29일 '한일합방'이 선포되었으니 '9월 밤'이면 일본이 대만에 이어 조선을 식민지화하면서 군국주의 파시즘 체제를 본격화한 때다. 이사카와의 시 「코코아 한 잔」을 함께 읽으면 한 양심적인 일본 작가의 좌절과 압제에 저항하는 조선인에 대한 경의가 읽힌다.

나는 안다, 테러리스트의
슬픈 마음을—
말과 행동을 나누기 어려운
단 하나의 그 마음을
빼앗긴 말 대신에
행동으로 말하려는 심정을
자신의 몸과 마음을 적에게 내던지는 심정을—
그것은 성실하고 열심한 사람이 늘 갖는 슬픔인 것을
끝없는 논쟁 후의
차갑게 식어 버린 코코아 한 모금을
홀짝이며
혀끝에 닿는 그 씁쓸한 맛깔로,
나는 안다, 테러리스트의
슬프고도 슬픈 마음을

후쿠오카에서 마지막으로 '슬프고도 슬픈 마음'으로 찾은 곳이 있다. 히젠 도肥前刀를 보관하고 있다는 구시다신사. 칼집에 '一瞬電光刺老狐일순전광자노호(늙은 여우를 단칼에 찔렀다)'라는 글귀가 적혀 있다는 일본도다. 이는 한 나라의 국모를 참혹하게 살해한, '여우 사냥'의 성공을 기념해 새겼다는 문구다.

조선 왕조 말기 나라 질서를 무너트리고 오로지 여흥 민씨 일파의 이익을 위해서만 세도정치를 했다고 해도, 국가의 부를 탕진해 백성의 삶을 도탄에

빠트렸다 해도, 자신들의 정치적 기반 유지를 위해 외국 군대를 끌어들여 훗
날 비극의 씨앗을 심었다 해도, 민비가 일본인 자객 손에 죽어야 할 이유는 없
다.

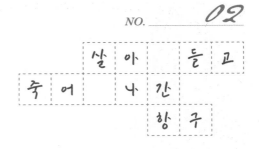

살 아 들 고
주 어 나 간
항 구

## 슬픈 사람의 뒷모양

나는 후쿠오카 답사를 준비하면서 여느 답사와 달리 매우 비합리적인 동선으로 일정을 짰다. 시간도 비용도 더 많이 드는 이동 방법을 택한 것이다. 서울에서 부산까지는 기차로, 부산에서 시모노세키까지는 여객선으로, 그리고 시모노세키에서 후쿠오카까지는 다시 기차로 이동하는 계획이었다.

이유는 단순했다. 동주가 일본에 갔던 때의 동선을 일부라도 따라가 보고 싶었기 때문이다. 시모노세키에 도착한 동주는 교토로 향했고 나는 후쿠오카로 가야 하지만 말이다. 그게 치기라 해도 상관없었지만 전연 뜻밖의 일로 동선을 변경할 수밖에 없었다. 'No Japan' 구호가 뱃길을 끊어 버린 것이다.

이제 동주가 어떻게 일본에 갔는지 자세히 고증해 보자. 그런데 '어떻게'는

● 시모노세키역

단순히 교통편만을 뜻하지 않는다. 당시 조선은 일본의 식민지였고, '내선일체'가 강요되었던 시기였기에 '반도인' 동주가 '내지' 일본에 가기 위해선 창씨개명이 필요했다. 대한민국 여권으로 일본 공항 입국심사대를 아무렇지도 않게 통과하는 지금과는 다르다.

창씨개명은 조선인을 '황국신민화'한다며 시행한 정책이다. 1940년 2월 접수를 시작해 같은 해 8월 초까지 마무리하도록 강제 시행되었다. 이에 응하지 않을 경우 정상적인 사회생활을 할 수 없을 정도의 불이익이 있었고, '불령선인' 취급을 받았다.

당시 연전 3학년이었던 동주는 그러나 학교에 창씨개명을 신청하지 않았다. 하지만 졸업 후 일본 유학을 계획하면서 창씨개명은 필수 조건이 되었다. 왜냐하면 일본 대학 진학을 위해서는 동주의 출신 학교인 연전 학적부에 기록된 이름과 호적등본의 이름이 일치해야 했기 때문이다.

그럼 동주 집안의 호적등본에는 창씨개명된 이름이 올라 있었다는 말인가? 그렇다. 룽징 동주 집안에서는 일제의 겁박에 못 이겨 1940년 '히라누마平沼'로 창씨를 했다. 필수인 '창씨'만 하고 선택할 수 있는 '개명'을 했는지 여부는 확인할 수 없다.

일본으로 건너가기 위해서도 창씨개명은 필요했다. 부산이나 여수에서 출발하는 연락선을 타자면 반드시 도항증명서가 필요했는데, 이 증명서에는 창씨개명된 이름을 써야 했다. 결국 동주는 연전에 창씨개명 신청서를 제출한다.

최대의 자기결단의 표현이 '성을 갈다'인 민족에게 창씨개명은 어떤 느낌이었을까? '잎새에 이는 바람에도 괴로워했던' 그 섬세한 시인에게 스스로 창씨개명을 신청하는 행위는 어떤 의미였을까? 동주는 어떤 결단이 있지 않고선 이 일을 감행할 수 없었던가 보다.

창씨개명을 신청한 즈음 동주는 자신의 심정을 정리한다. 널리 알려진 「참회록」이다. 깔끔하고 단정한 동주의 평소 시작 태도와 달리 이 시에는 낙서가 난무한다. '詩人시인의 告白고백, 渡航證明도항증명, 힘, 生생, 生存생존, 文學문학, 詩시란? 등. 어지러웠을 그의 마음자리를 보는 듯하다.

---

파란 녹이 낀 구리 거울 속에
내 얼굴이 남아있는 것은
어느 왕조의 유물이기에
이다지도 욕될까.

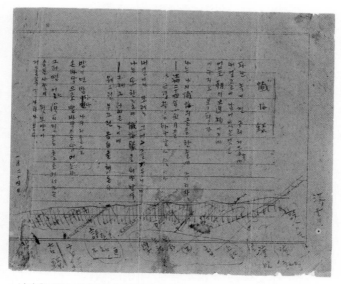

● 낙서에는 한글, 한자와 함께 不知道, '모르겠다'는 뜻의 중국어도 보인다.


나는 나의 참회의 글을 한 줄에 줄이자.
— 만 이십사 년 일 개월을
　무슨 기쁨을 바라 살아왔던가.

내일이나 모레나 그 어느 즐거운 날에
나는 또 한 줄의 참회록을 써야한다.
— 그대 그 젊은 나이에
　왜 그런 부끄런 고백을 했던가.

밤이면 밤마다 나의 거울을
손바닥으로 발바닥으로 닦아보자.

그러면 어느 운석 밑으로 홀로 걸어가는
슬픈 사람의 뒷모양이
거울 속에 나타나온다.

- 「참회록」, 1942. 1. 4.

창씨개명 신청서를 내던지듯 제출하고 터덜터덜 하숙집으로 향하는 동주의 모습은 어떠했을까? '어느 운석 밑으로 홀로 걸어가는 슬픈 사람의 뒷모양' 같지 않았을까? 시에 등장하는 화자는 '만 이십사 년 일 개월'을 살았다는데, 그때까지 동주가 살아온 세월과 꼭 같다. 이 작품은 동주가 고국에서 쓴 마지막 작품이다.

## 문명과 야만의 교차점, 시모노세키

동주는 어떤 경로로 조선 경성에서 일본 교토로 갔을까? 경성에서 부산까지는 기차로, 부산에서 시모노세키까지는 관부연락선으로, 시모노세키에서 교토까지는 다시 기차를 이용했을 가능성이 높다.

동주가 여수에서 시모노세키로 갔을 가능성도 아주 없지는 않다. 부산-시모노세키를 운항하는 여객선을 시모노세키下關와 부산釜山에서 한 글자씩을 따 관부연락선關釜連絡船이라고 했던 것처럼, 시모노세키-여수 항로는 관려연락선關麗連絡船이라고 불렸다. 이 항로는 1930년 광주와 여수를 연결하는 광려선이 개통되면서 이와 연계해 만들어진 항로다.

동주는 부산에서 배를 탔을 가능성이 더 높다. 연전에서 가장 가까운 연희역에서 기차를 타면 부산까지 한 번에 갈 수 있었기 때문이다. 신의주-경성을

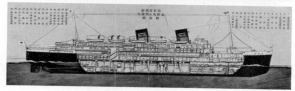

● 1936.11.과 1937.1.에 각각 취항한 금강환과 흥안환은 동일한 설계도로 제작된 쌍둥이 선박이다. ©부산광역시립박물관

연결하는 경의선과 경성-부산을 잇는 경부선은 1908년 직접 연결돼 운행되었기 때문이다. 그런데 이 경우 12시간이 소요되는 완행을 탈 수밖에 없었다. 동주가 대전역과 대구역에만 정차하는 직행을 타려면 경성역에 가야 했다.

신의주발 부산행 열차는 출발지가 중국 창춘, 당시 신징이었다. 신징을 출발해 신의주에 도착한 완행 기차는 오전 9시 27분 출발해 밤 9시 50분에 경성역에 도착한다. 동주가 이 기차를 탔다면 연희역에서 9시 조금 넘어 탑승했을 것이다. 이 기차는 다음 날 오전 9시 10분에 부산역에 도착한다.

그런데 동주의 최종 목적지는 부산이 아니라 시모노세키다. 그러면 부산에서 시모노세키를 연결하는 관부연락선을 타야 한다. 그래서 당시에는 경부선과 관부연락선을 연계한 기차가 운행되었는데, 경성역을 새벽 3시 20분과 오후 3시 50분에 출발하는 직행이다. 두 기차는 부산역에 11:20, 23:05에 도착하고, 관부연락선은 12:00와 23:45에 출발했다. 낮 12시 배를 타면 저녁 7시 30분에, 밤 11시 45분 배를 타며 다음 날 아침 7시 15분에 시모노세키에 도착한다.

> 여행 시즌을 맞이하여 약동하는 대륙 진출열과 학생들의 귀성으로 관부 연락선은 수일간 초만원을 이룰 것이고, 현해탄의 여왕이라고 자부하는 호화선 금강환金剛丸, 흥안환興安丸도 이미 비명을 지르고 있다.

이상의 정보를 통해 가장 가능성 있는 동주의 동선을 추론해 보자. 동주는 밤 9시 조금 넘어 연희역에서 기차를 탄다. 그리고 다음 날 오전 9시 10분 부산역에 도착한 후 잠시 쉰다. 낮 12시에 관부연락선에 승선하고 그날 저녁 7시 30분에 시모노세키에 도착한다. 하루가 꼬박 걸리는 여정이다.

동주는 공부를 마치고 이와는 반대 동선으로 고국에, 그리고 고향에 돌아와야 했다. 하지만 그러지 못했다. 동주의 아버지가 그의 유골을 들고 이 여정으로 돌아올 수밖에 없었다. 윤영석 선생은 유골함에 미처 들어가지 못한 동주의 뼛가루 일부를 바다에 뿌렸다. 그는 얼마나 많은 눈물과 탄식과 울분도 검은 바다에 뿌렸을까? 동주의 동생은 그때의 아버지 심정을 이렇게 상상해 본 적이 있다.

> 요즘 아버지를 자주 생각합니다. 어떤 마음으로 형의 유골을 품고 후쿠오카에서 부산, 그리고 기차에 흔들리며 북간도 집까지 돌아오셨을까 하고…….

윤영석 선생의 동선도 추론해 보자. 당시 시모노세키에서 부산으로 가는 배는 오전과 밤에 한 번씩 하루 두 번 운항했다. 오전 10시 30분에 출발하면

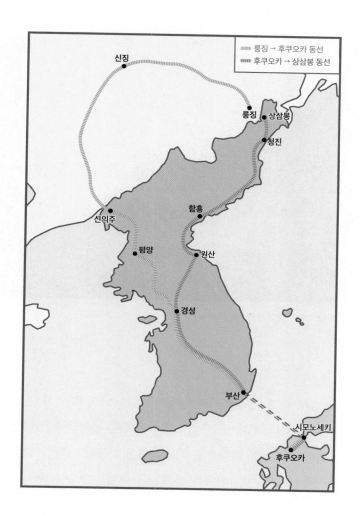

롱징 → 후쿠오카 동선
후쿠오카 → 상삼봉 동선

저녁 6시에, 밤 11시에 출발하면 다음 날 새벽 6시에 부산항에 도착한다. 이와
연계해 경성까지 가는 기차는 06:50과 18:50 부산역을 출발했다.

경성에 도착한 후에는 다시 경원선 열차를 타야 했다. 원산을 거쳐 함흥으
로, 그리고 다시 함경본선을 타고 청진까지, 마지막으로 청진에서 상삼봉까지

● 룽징 일송정에서 촬영한 것으로, 연전 시절 동주는 이 철로로 서울을 오갔을 것이다.

는 북선선을 탔으리라. 경성부터만 따져도 664km, 2,200리가 넘는 거리다. 다른 동선도 가능하다. 집이 있는 룽징까지 기차를 이용할 수 있었던 것이다. 이 노선은 연전 시절 방학 때마다 동주와 몽규가 이용한 귀향길이기도 했다.

조선 회령에서 중국 지린吉林을 연결하는 길회선吉會線을 타면 룽징까지 갈 수 있었다. 하지만 동주의 아버지는 가족들에게 상삼봉역으로 나올 것을 부탁한다. 고국에서 태어나지 못하고 고국에서 죽지 못한 동주를 마지막이라도 가족의 품에 안겨 조국의 땅을 건너게 하고 싶어서였을까?

동주가 문학 공부의 꿈을 안고 도착했고, 3년 후 아버지가 동주의 유골단지를 안고 떠난 시모노세키항 인근에는 동주를 비롯한 당시 조선인 전체를 '식민 백성'으로 전락시킨 인물과 관련된 장소가 있다. 슌반로우春帆樓다.

일본의 조선 침략은 강화도조약으로 시작되었지만, 본격화된 것은 조선 영

● 슌반로우

토에서 치러진 청일전쟁이다. 강화도조약과 청일전쟁 강화회담 결과로 체결된 시모노세키조약에는 공통점이 있다. 일본이 조선을 '자주국' 혹은 '독립국'으로 인정한 것이다. 일본의 의도가 뭘까? 조선을 청나라로부터 '독립'시키려는 것이다. 그래야 자신들이 조선을 마음껏 유린할 수 있기 때문이다.

청일전쟁 강화회담이 열린 곳이 슌반로우이며 그때 일본 측 대표가 이토 히로부미였다. 그는 정확히 10년 후 대한제국을 겁박해 을사늑약을 체결하고 외교권을 빼앗는다. 1909년 10월, 이토가 대한제국의 국권을 빼앗기 위한 교섭을 위해 하얼빈으로 가기 전 하룻밤 묵은 곳도 슌반로우다. 그날은 이토가 고국에서 잠든 마지막 밤이다.

슌반로우에서 바닷가 쪽으로 내려오면 '조선통신사 상륙 기념비'가 있다. 이곳 건립 취지문에는 조선통신사가 '일본의 초청을 받아 방일訪日'했다고 밝

● 기념비의 공식 명칭은 '朝鮮通信使上陸淹留之地'다. '淹留'는 '오래 머물다' 정도의 뜻이다.

히고 있다. 적어도 일본처럼 조선이 원치도 않은 통상을 요구하거나 강제로 조약을 체결한 게 아니라는 뜻이다. 조금 거칠게 말하면 일본으로 향한 뱃길은 문명과 교류의 길이었고, 조선으로 향한 뱃길은 야만과 침략의 길이었다. 동주와 동주 아버지의 시모노세키 입출항이 그것을 거듭 상징한다.

## 동주는 육사를 읽었을까

후쿠오카-시모노세키 동주 답사는 여느 답사와는 달랐다. 북간도 명동-룽징이나 서울, 교토, 도쿄 답사가 동주의 삶과 흔적을 좇는 여정이었다면 후쿠오카와 시모노세키 답사는 동주의 죽음과 부재를 확인하는 과정이었다. 그런만큼 동주가 남긴 것에 대한 상념이 일정 내내 머리를 떠나지 않았다.

동주는 우리에게 무엇을 남겼는가? 그의 존재 자체는 부모님의 몫이고 『하늘과 바람과 별과 詩』는 유고 시집이니 동주를 사랑했던 벗과 가족에게 마땅히 그 공이 돌아가야 한다. 동주가 우리에게 남긴 건 그렇다면 그가 태어난 이후 성실하게 살았던 만 27년의 생애와 삶의 지문처럼 혹은 상처처럼 남은 그의 글이다.

동주가 직접 쓴 원고는 얼마나 남아 있을까? 동주는 여느 문인보다 많은 친필 원고를 남겼다. 이유가 뭘까? 무엇보다 동주가 습작기 시절부터 꼼꼼하게 작품을 기록해 둔 것, 그리고 가족이 유고를 소중히 간수한 덕분이다. 『사진판 윤동주 자필 시고전집』은 이 모든 자료를 담고 있다.

그런데 다른 이유도 있다. 동주가 공식적으로 등단하지 못한 것도 중요한 이유가 될 수 있다. 동주 시대 문인은 글을 자필로 써서 출판사나 신문사에 보냈다. 그것이 활자화된 후 친필 원고는 대부분 폐기되었다. 동주는 몇 차례 투고한 것을 빼고는 신문사나 출판사로부터 원고 청탁을 받은 일이 없다. 그래서 수련하는 마음으로 자신의 작품을 더 꼼꼼하게 기록했을 것이다.

현재 남아 있는 동주 자필 시고는 다섯 가지다. 1934년 12월부터 1937년 3월까지 창작한 작품을 수록한 『나의 褶作期습작기의 詩시 아닌 詩시』가 첫 번째로, 은진중학-숭실중학-광명중학 재학 시기 작품을 담고 있다. 동주는 문청 특유의 진지함으로 '藝術예술은 길고 人生인생은 짧다'라고 표지에 썼다.

다음으로 1936년부터 1939년 9월까지 창작한 작품이 수록된 『窓창』이 있다. 동주는 책등에 '나의 詩集시집'이라고 썼다. 숭실중학-광명중학-연희전문 2학년까지의 시기다. 여기에는 『나의 褶作期의 詩 아닌 詩』에 수록된 작품 17편이 그대로 혹은 개작된 상태로 옮겨져 있다.

『나의 褶作期의 詩 아닌 詩』와 『窓』은 노트 형태지만 속지는 원고지다. 둘 모두 한쪽이 20×10의 200자 원고지로 동주는 이를 오른쪽에서 왼쪽 세로쓰기로 시를 적었다. 『나의 褶作期의 詩 아닌 詩』는 상단에 빈칸이 없는 반면

● 『나의 習作期의 詩 아닌 詩』와 『窓』

『窓』은 양쪽에 직사각형 모양의 메모장이 있는 형태다.

따로 제목이 붙어 있진 않지만 수필 네 편도 한 책으로 묶여 있다. 「달을 쏘다」에만 창작 날짜가 기록돼 있고 나머지 세 편, 「終始종시」, 「별똥 떨어진 데」, 「花園화원에 꽃이 피다」에는 따로 날짜가 적혀 있지 않다. 하지만 모두 연희전문 재학 시절 작품으로 추정된다.

수필집 내지 또한 원고지지만 시 노트와 달리 앞뒤 표지는 없다. 세로쓰기 400자 원고지를 반으로 접은 후 작품을 적었는데, 양 끝이 맞닿은 부분을 묶어 책 형태로 만들었다. 왼쪽 하단에는 'コクヨ 165'라고 인쇄돼 있는데 일본 문구회사 코쿠요의 제품이다. 그런데 「花園에 꽃이 피다」는 원고지 형태는 같지만 'TS NO5 10×20'가 인쇄돼 있어 다른 제품임을 알 수 있다.

그리고 우리에게 가장 잘 알려진 자필 자선 시집 『하늘과 바람과 별과 詩』

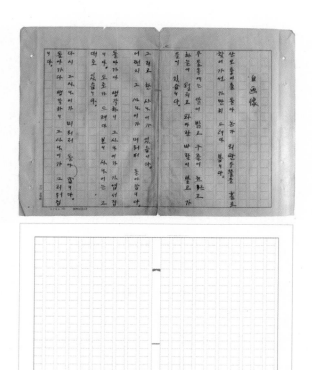

● 아래는 『하늘과 바람과 별과 詩』와 동일한 양식의 원고지로 릿쿄대학 기념
  품점에서 구입했다.

가 있다. 1939년 연전 2학년 때부터 1941년 4학년 때까지 쓴 작품 19편이 실려 있는데, 세 권 중 동주가 정병욱 선생에게 선물한 것만 현재 유일하게 남아 있다. 이것도 코쿠요사의 원고지에 썼는데 다만 'コクヨ 165' 옆에 '標準規格표준규격 A4'라는 글자가 더 인쇄돼 있다.

그리고 낱장으로 된 습작시가 있다. 대체로 연전 시절 쓴 작품 중 『하늘과 바람과 별과 詩』에 수록되지 않은 작품과 도쿄 릿쿄대학 시절 써서 친구 강처중에게 보낸 다섯 편의 시다.

동주의 친필에는 작품뿐만 아니라 퇴고도 포함된다. 우리는 흔히 동주의 성격만큼 그의 원고도 깔끔할 거라 예상한다. 머릿속에서 퇴고를 거듭해 온전한 작품이 됐을 때 문자화했다는 연전 동기들의 증언도 있고, 자필 자선 시집 『하늘과 바람과 별과 詩』 원고도 그러하기 때문이다. 그러나 현재 남아 있는 동주의 자필 시고에는 많은 양의 퇴고가 포함돼 있다.

또 동주는 잡지나 신문에 게재된 자신의 작품도 스크랩해 두었다. 『카톨릭少年소년』에는 다섯 작품이 실렸는데, 자신의 본명 '尹東柱' 대신 '尹童柱' 혹은 '尹童舟'를 썼다. 가운데자 '東동녘 동' 대신 '童아이 동'을 쓴 건 분명 동시라는 장르와 연관이 있어 보인다. 마지막 자 '柱기둥 주' 대신 '舟배 주'를 쓴 건 식민지 조국을 떠나 새로운 세상으로의 항해를 바랐던 소망의 발현이었을까?

『조선일보』에는 동주의 작품 세 편이 실렸는데 시가 두 편, 수필이 한 편이다. 1938년 10월 17일 「아우의 印象畵인상화」가 '延專연전 尹東柱'로 실리는데 1939년 2월 6일자에 실린 「遺言유언」은 '延專 尹柱'로 인쇄돼 있다. 조판상의 실수일까, 아니면 동주가 부러 그렇게 쓴 것일까? 후자일 가능성이 높다. 동주는 이 기사를 스크랩하고 다시 퇴고했는데 이름은 수정하지 않았다.

동주는 당대 기성 작가의 시집도 꼼꼼히 읽고 메모를 했다. 그중에서 주목되는 세 작품은 『鄭芝溶詩集정지용시집』, 『永郎詩集영랑시집』, 『사슴』이다. 한 가지만 살핀다. 정지용의 「太極扇태극선」의 8연 '나는, 쌀, 돈셈, 지붕 샐 것이 문득 마음 키운다.'라는 구절에 동주는 줄을 긋고 이렇게 썼다. "이게 文學者문학자 아니냐(生活의 협박장이다)." 이 메모가 머릿속에 맴돌았을까? 동주는 1년 후인 1937년 봄에 「장」이라는 작품을 쓰고, 그리 길지 않은 시에 '生活생활'을 다섯 번 반복한다. 식민지 시기 곤궁하기는 동주네도 예외가 아니었다.

동주가 직접 쓴 것은 아니더라도 그의 글에 자양분이 되었을 소장 도서 또한 살펴볼 만하다. 동주는 책을 구입하면 사인이나 도장으로 자신의 장서임을 분명히 했다. 그런데 거기에도 체계가 있었다. 한글로 쓰인 책은 '동주장

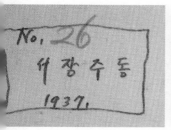
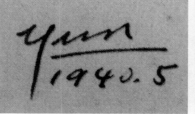
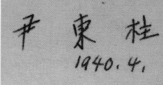

● '동주장서'는 룽징 광명중학 시절, 'yun'과 '尹東柱'는 서울 연희전문 시절의 것이다.

서', 영어책은 'yun', 일본 책이나 한자가 들어간 책은 '尹東柱'로 책의 특성에 맞게 사인을 한 것이다.

그런데 내가 특별히 주목한 동주의 소장 도서가 있다. 『體驗と文學체험과 문학』이다. 그런데 책 내용이 아니라 뒤 속표지에 동주가 남긴 메모에 나는 환호했다. 메모의 내용은 동주가 소장하고 있던 당시의 대표적인 잡지 『人文評論인문평론』과 『文章문장』 호수다.

동주는 『문장』 제1권, 그러니까 1939년에 발행된 12권을 모두 갖고 있었는지 '全部有전부유'라고 썼다. 『문장』은 1939년 2월 제1집을 냈는데, 그해 7월호는 한 번 더 발행해 총 12권이 나왔다. 그리고 동주는 제2권, 그러니까 1940년에 발행된 『문장』 중 1, 3, 4호를 소장하고 있다고 기록했고, 1941년 발행된 4권은 모두 없다고 썼다. 『문장』은 1941년 4월호를 마지막으로 폐간되었다.

나는 왜 동주가 소장했다는 잡지에 주목하는가? '동주가 육사의 시를 읽었을까?'라는 오랜 질문에 답할 수 있기 때문이다. 성실한 문학청년이던 동주라면 1930년대와 1940년대 초반 잡지와 신문에 발표된 육사의 시도 읽었으리라 짐작은 된다. 하지만 확실한 근거가 필요했다.

우리에게 가장 널리 알려진 육사의 두 작품 「청포도」와 「절정」은 『문장』 1939년 8월호와 1940년 1월호에 실렸다. 두 권 모두 동주가 소장하고 있다고

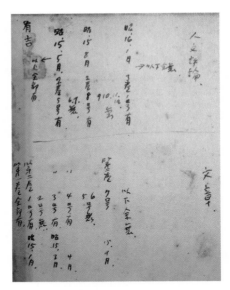

● 위쪽에 '人文評論', 아래쪽에 '文章' 소장 호수를 적어
두었다. 왼쪽 상단의 '有吉유길'은 동주와 정병욱 선생
이 자주 갔다던 '유길서점'을 뜻하는 것일까?

기록하고 있다. 문학청년 동주가, 당대 가장 대표적인 문예 잡지 『문장』을 사
두고도 읽지 않았을 리는 없을 것 같다. 동주는 육사의 시를 읽고 어떤 느낌이
었을까?

육사가 베이징 일본 헌병대 지하 감옥에서 고문을 당하던 1944년 1월, 동
주 또한 교토에 갇혀 있었다. 육사는 해방을 1년 반 앞둔 1944년 1월 16일 중
국 베이징 그 차디찬 감옥에서 고문사했으며, 동주는 해방을 반년 앞둔 1945
년 2월 16일 파도 소리가 들렸을 일본 후쿠오카형무소에서 의문사했다.

두 시인의 마지막을 생각하면, 아들의 유골을 안고 북간도 룽징으로 갔던
윤영석 선생을 생각하면, 형님의 뼛가루를 안고 조선 경성으로 갔던 육사의
동생 이원창 선생을 생각하면, 이러면 안 될 것 같을 만큼 화창했던 시모노세
키항과 간몬해협의 푸르름이 오래 머리를 떠나지 않는다.

● 동주는 시모노세키와 후쿠오카 모지를 잇는 바다 위 간몬대교도, 바다 밑 간몬터널도 건너지 못했다.

4장

북간도,
동주로 기억되다

명동·룽징

## 동주 생가와 몽규 옛집

룽징 시내를 지나 남동쪽으로 30여 분 버스로 달리면 전라도 어느 시골을 닮은 마을, 명동明東이 나타난다. 새로 난 찻길은 산 중턱을 지나기에 마을로 난 길은 내리막이다. 그 길 초입에는 큼직한 바위에 '명동', '윤동주 생가'라는 한글이 새겨져 있어 동주의 고향에 왔음을 실감하게 된다.

동주는 왜 북간도라 불리는 이곳에서 태어났을까? 명동은 자연 부락이 아니라 일종의 개척 마을이다. 1899년 두만강변에 살던 조선인들이 청나라 대지주의 땅을 사들여 집단으로 이주해 조성한 것이다. 마을 이름 명동은 동쪽(東) 조국을 밝히겠다는(明) 각오와 포부를 담았다. 증조부 때 고향을 떠난 동주 집안은 할아버지 대 명동에 정착한다.

● 동주 생가

　동주 생가 앞에는 다소 생뚱맞은 조형물이 양쪽에 서 있다. 왼쪽에는 크기
가 다른 돌기둥 세 개에 알 듯 말 듯한 글자가 새겨져 있는데, '하늘과 바람과
별과 詩'라는 글귀를 보고서야 그것이 '天', '風', '星', '詩'인 것을 깨닫는다.
동주의 유고 시집 제목이 한자로 쓰여 있으니 그렇게 생경할 수 없다.

　그런데 오른쪽 돌에 쓰인 글을 보고는 한국 답사객들이 더 놀란다. '중국
조선족 애국 시인 윤동주 생가'. 한국인이라면 누구나 사랑하는 시인 동주가
중국 조선족 시인이라니. 중국 정부의 역사 왜곡 시도까지 들먹이며 불쾌함
을 감추지 않는 이들도 있다.

　하지만 현재의 국경이나 조선족 용어 문제 등을 차치하고라도 우리가 과연
생가를 복원하고 관리해 온 이들을 비난할 자격이 있는가? 우리는 동주를 위
해 무엇을 했던가? 대답이 궁하다면 시인이 우리에게 일깨운 부끄러움을 기

● 동주 생가 뒤로 명동의 상징 선바위가 우뚝하다.

억할 일이다. 동주에 대한 우리의 무지와 무심함을 생각하며 자신에게 한없이 엄격했던 한 영혼을 기억하는 게 도리가 아니겠는가.

동주 생가로만 알려졌지만, 이곳은 몽규가 태어난 집이기도 하다. 영화 「동주」를 통해 '발견'된 인물 송몽규, 그는 동주보다 3개월 앞서 동주 생가에서 태어났다. 몽규 어머니는 동주 아버지의 큰누이로 동주에게는 큰 고모가 된다. 그녀는 명동학교 조선어 교사 송창희와 결혼했는데 신혼을 처가, 그러니까 동주 생가에 차렸고 이때 몽규가 태어난 것이다.

첫 명동 답사 때 일이다. 동주의 고향이라는 생각에 동네 전체가 그렇게 정겹게 보일 수 없었다. 거의 모든 집 담을 기웃거리던 나는 오래된 한옥 앞에 '송몽규 옛집'이라 새겨진 표지석을 보고 환호했다. 몽규가 다섯 살 때 분가했다는 곳을 우연히 발견한 것이다. 몽규 옛집은 동주 생가가 보일 정도로 두 집

● 몽규 옛집

은 가깝다.

　문득 동주와 몽규가 길지 않은 일생을 늘 함께했다는 사실이 실감 나게 다가왔다. 고향을 떠난 둘은 평양과 난징으로 잠시 길이 갈렸지만, 연희전문에서 다시 만났다. 일본 유학을 가 교토와 도쿄로 다시 헤어졌지만, 곧 교토에서 함께 살았다. 생의 마지막도 둘은 후쿠오카에서 함께했다.


## 내 삶이 유언이다

현재 동주 생가로 조성된 곳은 대단히 넓다. 대문을 들어서면 바로 앞쪽으로 건물이 하나 보인다. 이곳은 생가가 아니라 명동교회를 복원한 건물이다. 북간도의 대표적인 민족지사이자 동주의 외삼촌 규암 김약연 선생이 시무한 교

• 왼쪽은 명동교회, 오른쪽은 복원된 명동학교 교정에 세워진 김약연 선생 흉상이다.

회다. 성경책 모양의 받침대 위에 세워진 것은 김약연 목사의 공덕비다.

규암 선생을 '동주의 외삼촌'으로 소개하는 건 부당하다. 그는 북간도 한인 대통령으로 불렸던 민족지도자였기 때문이다. 문익환 목사의 동생이자 당신 또한 평생 민주인사로 살았던 문동환 목사는 '나라와 민족을 위해 살고, 모든 이들이 존경하는 그분(김약연 선생)이 목사였기 때문에' 자신도 목사가 되겠다는 꿈을 꿨다고 했다.

규암 선생은 본래 유학자였다. 그래서 명동에 가장 먼저 서당을 세워 전통 교육에 힘썼다. 그렇다고 선생이 고루한 학자에 머물렀던 건 아니다. 시대가 변하자 근대 교육을 위한 명동학교 설립에 앞장선다. 이를 위해 선생은 기독교로 개종도 했다. 평생 유학자로 살았던 그가 후손의 교육을 위해 자신의 학문과 종교를 바꾼 것이다. 훗날 선생은 환갑의 나이에 평양신학교에 입학해 공부하고 목사가 되었다.

명동학교 교장으로서, 명동교회 담임목사로서 규암 선생은 군림하는 삶을 살지 않았다. 골짜기를 개간해 천 평 가까운 밭을 직접 일구었다. 해방 3년을

앞두고 선생은 세상을 떠났다. 눈을 감기 직전 가족과 제자들이 유언을 부탁하자 선생은 이렇게 말했다고 한다. "내 삶이 유언이다."

다섯 번째 명동 답사 때야 나는 김약연 선생 묘소를 참배할 수 있었다. 선생이 가족 32명과 함께 처음 터를 일군 마을 장재촌이 내려다보이는 언덕에 선생은 잠들어 있었다. 장재촌 뒷산이 선바위다. 동주의 생가 대문에서 바라보면 뒤로 보이는 바로 그 바위산이다.

동주를 포함해 많은 이들이 선바위에 올라 사진을 찍었다. 이곳은 명동촌 한인들이 즐겨 찾던 소풍 장소였던 것이다. 당시 선바위에선 고조선 시기 유물도 심심찮게 발견됐다고 한다. 이는 명동 사람들에게 이곳에서의 삶이 생짜로 타국살이만은 아님을 일깨워 주었을 것이다. 선바위에 오른 동주와 몽

● 길 왼쪽 마을이 장재촌, 그 뒤로 보이는 마을이 명동촌이다.

규는 저 멀리 동쪽, 두만강 건너 조국을 보며 어떤 꿈을 일구었을까?

## 기독교 민족주의자와 급진적 사회주의자

동주 생가와 명동교회만큼 가까운 거리는 아니지만 명동학교 또한 동주 집에서 멀지 않다. 윤일주 교수는 자신의 집에서 보면 "건너편 동남쪽에는 이 마을에 어울리지 않도록 커 보이는 학교 건물과 주일학교 건물들이 보였다."고 회고한 바 있다.

앞서 설명한 대로 명동촌은 함경도 출신 한인이 개척한 마을이다. 고향을 떠나 타지에 정착했으니 넉넉지 않았을 텐데도 어른들은 아이들 교육에 마음

● 명동촌에서 가장 큰 건물이 명동학교였다.

을 쏟았다. 각자 내놓은 돈만큼 땅을 분배받으면서 일부 토지는 떼놓았다. 학전學田이라 불린 이 땅은 공동 경작했고, 이곳에서 나오는 소출은 교육비로만 썼다.

정착 초기에는 세 곳에서 한학을 가르쳤다. 김약연 선생의 규암재가 가장 먼저 세워졌고 소암재와 오룡재가 뒤를 이었다. 그런데 위기에 처한 나라를 위해서는 신학문이 필요했다. 전통 학문만으론 새 시대에 걸맞은 인재를 양성하지 못한다는 반성이 일었다.

기회는 뜻하지 않은 곳에서 찾아왔다. 명동에서 멀지 않은 룽징에 북간도 최초의 민족 교육기관 서전서숙이 있었다. 을사늑약 체결 직후인 1906년 해외에 인재 양성 기지를 건설하려던 애국지사들이 뜻을 모은 것이다. 그런데 숙장이던 이상설 선생이 1907년 고종의 특사로 헤이그로 떠나면서 서전서숙은 문을 닫는다.

이에 명동촌 어른들은 세 곳의 서재를 하나로 합쳐 서전서숙을 계승한 신학문 기관을 설립한다. 1909년 명동학교로 이름이 바뀐 이 학교가 1908년 문을 열었을 때의 이름이 그래서 명동서숙이다. 새로운 학교에는 신학문을 가르칠 교사가 필요했는데, 이때 명동학교에 부임한 이가 정재면 선생이다.

그는 한 가지 조건을 걸었다. 아이들에게 성경을 가르치고 예배를 드릴 수 있어야 한다는 것이다. 왜 정재면 선생은 유학자들이 일군 개척 마을, 명동에 세워진 학교에서 이런 무리한 요구를 했을까? 그가 서울 상동교회 출신이었기 때문이다.

대한제국 말기 상동교회는 구국의 보루였다. 당대 대표적인 민족지사를 망라한 비밀결사 신민회가 이곳을 중심으로 활동했다. 을사늑약 체결 이후 신민회는 해외에 독립운동 기관 설립을 기획한다. 그 결과 이상설 선생을 통해 북간도 룽징에 앞서 설명한 서전서숙을 설립한 것이다.

이상설 선생의 헤이그행으로 서전서숙이 문을 닫자 북간도의 민족 교육기관 재건이 필요했다. 이를 위해 정재면 선생이 룽징으로 온 것이다. 그의 룽징행을 권한 이는 당시 신민회 함경도 책임자인 이동녕, 이동휘 선생이었다. 두 분은 훗날 대한민국임시정부 주석과 국무총리로 활약한다.

대대로 유학자로 살았고, 자신의 호를 딴 전통적 서당을 운영했던 명동촌 어른들은 당돌한 20대 청년 정재면의 요구를 받아들였을까? 물론이다. 그랬기에 명동서숙은 명동학교로 일신하며 훗날 숱한 인물을 키워 낼 수 있었다. 조상에게 제사를 지내지 못할지언정 후손은 가르쳐야 한다는 대의에 동의한 것이다.

정재면 선생은 명동 여학교에 입학한 여학생에게는 이름을 지어 주었다. 누구네 둘째 딸, 어느 집 며느리, 무슨 무슨 댁이라 불리던 여성들이 처음으로 이름을 갖게 된 것이다. 주님 안에서 모두 한 가족이라는 뜻에서 믿을 '신信' 자를 항렬자로 해 이름을 지었단다. 그래서 문익환 목사의 어머니는 김'신'묵이고, 몽규 어머니의 이름은 윤'신'영이다.

이제 동주가 입학해 공부한 명동학교를 조금 상세히 살펴보자. 동주는 외

● 현재의 봉오동  봉오동 골짜기에 댐이 들어서면서 봉오동 전적지는 다수 수몰되었다. ⓒ박청산

삼촌 김약연 선생이 교장으로 있던 명동학교에 다닌 것일까? 사정이 조금 복
잡하다. 명동학교는 재정난을 포함한 여러 가지 어려움으로 1925년 폐교한
다. 그런데 연보에 따르면 동주와 몽규는 1925년 4월 4일 명동소학에 입학한
다. 어떻게 된 일일까?

명동학교가 가장 큰 수난을 겪은 해는 1920년이다. 그해 10월 20일 일본군
은 명동학교가 항일 근거지이고 김약연 교장이 그 '두목'이라며 학교와 교회,
교사의 집을 불태워 버렸다. 봉오동전투에서 패배한 일본군이 자행한 경신참
변의 여파였다. '명동학교는 이름은 학교라지만 사실은 독립군이 모여 운동
하는 곳'이라고 말한 이는 명동중학 출신의 문재린 목사니, 일본군의 판단이
어긋난 게 아니긴 했다.

물론 동주 고향만 피해 입은 건 아니다. 경신참변 당시 대략 5,000여 명의

● 현재의 청산리  오른쪽 산기슭에 '청산리 항일대첩 기념비'가 서 있다. ⓒ박청산

북만주 지역 동포가 학살되었다. 그리고 이 비극의 와중에 항일투사들이 거둔 빛나는 승전이 청산리대첩이다. 경신참변 당시 일본군의 만행을 박은식 선생은 『한국독립운동지혈사』에서 이렇게 기록했다.

마을의 민가, 교당, 학교 및 곡식 수만 석을 불 질러 잿더미로 만들었으며, 남녀노소를 총으로 죽이고, 칼로 죽이고, 몽둥이로 때려죽이고, 목을 졸라 죽이고, 주먹으로 때려죽이고, 발로 차 죽이고, 도끼로 찍어 죽이고, 생매장하기도 하고, 불에 태우기도 하고, 솥에 삶기도 하고, 몸을 갈가리 찢기도 하고, 코를 꿰기도 하고, 갈비뼈를 발라내기도 하고, 배를 따기도 하고, 머리를 자르기도 하고, 눈알을 뽑기도 하고, 가죽을 벗기기도 하고, 허리를 자르기도 하고, 사지에 못을 박기도 하고, 손과 발을 자르는 등 인간이면 참으로 할 수 없는 일들을 그들은 오락으로 삼았다.

동주의 고향 명동은 그런 곳이다. 일제에 점령된 식민지 한반도를 벗어났기에 명동을 목가적 유토피아처럼 상상하는 이들이 있지만, 사실은 전혀 그렇지 않다. 1907년 룽징에 한국 통감부 간도파출소가 설치된 이후 명동 또한 일제의 감시와 억압으로부터 자유롭지 않았다.

경신참변 이후 명동학교는 재건된다. 하지만 이전의 활력은 되찾을 수 없었다. 1925년 중등과를 룽징의 은진중학과 통합하면서 명동중학은 문을 닫는다. 다만 명동소학은 명동교회가 운영을 계속하는데, 동주와 몽규는 바로 이 학교에 입학했던 것이다.

그럼 두 사람은 명동교회가 운영하는 명동소학을 졸업했는가? 그렇지도 않다. 동주는 1931년 명동소학을 졸업하는데, 2년 전인 1929년 명동소학은 '인민학교'가 되었다가 다시 중화민국 당국에 의해 공립학교로 재편입된다. 동주의 소학교 입학과 졸업은 망국 백성의 고난을 고스란히 압축한다.

명동학교의 정체성이 흔들릴 때 명동촌 또한 새로운 사상의 소용돌이에 휘말린다. 망국 시기 진지한 의미의 민족주의가 경쟁 혹은 협력한 사회주의다. 당시 사회주의는 제국주의에 대항하는 거의 유일한 반파시즘 이념이었다. 사회 변혁의 최전선에 섰던 만큼 사회주의자는 희생도 막대했고 그만큼 자부심도 컸다.

명동학교 교사였던 몽규의 아버지 송창희 선생은 사회주의 사상을 받아들였다. 그 영향 때문인지 소학교 5학년 몽규는 명동학교를 인민학교로 바꿔야 한다는 연설을 하며 주민들 '선동'에 앞장섰단다. 제법 급진적 사회주의자 행세를 한 것이다.

그런 사촌을 바라보는 동주의 마음은 어땠을까? 동주는 외삼촌이자 스승인 김약연 선생을 통해 기독교와 민족주의의 세례를 강하게 받았다. 소박한 의미의 기독교적 민족주의자라고 할 동주는 몽규의 태도가 적잖이 불편하지 않았을까, 만약 그렇다면 그 불편함의 실체는 무엇일까?

어쩌면 그것은 시대의 변화에 당차게 응하지 못한 소심함일 수 있다. 두 사람이 직면한 식민지 현실은 차분한 성찰을 요구했는가, 즉각적 실천을 요청했는가? 둘의 경중이나 시비를 가리기 쉽진 않지만, 어떻든 두 사람의 짧은 일생에서 각자의 태도는 대체로 이어진다.

지금 명동학교에서 공부하는 학생은 없다. 다만 매년 중국 조선족 학생을 대상으로 '윤동주 문학상' 시상을 한다. 이 대회는 반드시 한글 작품만을 출품할 수 있는데, 수상한 학생들에게 주는 부상은 한국 여행이다. 동주와 몽규 후배들이 가장 좋아하는 곳은, 넓디넓은 북만주에는 없는 바다란다.

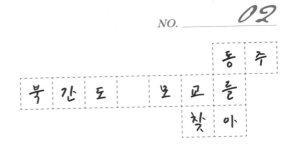

## 芸術은 길고 人生은 쩝다

동주의 일생은 학생으로서의 삶이었다. 동주는 모두 여덟 곳의 학교에서 공부했다. 우리가 가장 쉽게 떠올리는 곳은 동주의 첫 번째 모교인 명동소학과 연희전문이다. 최근에는 일본 유학 중 재학했던 릿쿄대학과 도시샤대학도 조금씩 알려지고 있다.

이렇게 꼽아도 아직 네 곳이 더 남는다. 여기서부터는 동주에 꽤 관심이 있는 사람들도 헷갈린다. 네 곳 중 세 곳은 우리가 답사할 수 있지만 한 곳은 현재로선 갈 수 없다. 동주가 반년 정도 공부한 숭실중학이다. 현재 서울 은평구에 소재한 숭실중고등학교는 동주 재학 시절 평양에 있었다.

우리가 가볼 수 있는 세 곳의 동주 모교는 모두 북간도에 있다. 명동소학 졸업 후 동주는 룽징 은진중학에 입학해 4학년 1학기까지 다니다 평양 숭실중학에 편입한다. 신사참배에 반대해 숭실중학을 자퇴한 동주는 룽징으로 돌아와 광명중학 5학년에 다시 편입한다.

그래도 한 곳이 남는다. 동주의 여덟 개 모교 중 가장 희미하고 애매한 학교다. 하지만 동주가 이 학교에 재학하던 시절의 추억은 그의 시를 통해 우리에게 잘 알려져 있다. 동주의 시 중에서도 많은 이들이 사랑하는 「별 헤는 밤」이다.

별 하나에 추억과
별 하나에 사랑과
별 하나에 쓸쓸함과
별 하나에 동경과
별 하나에 시와
별 하나에 어머니, 어머니,

바로 다음 연에 매우 이채로운 구절이 이어진다. '소학교 때 책상을 같이 했던 아이들의 이름과, 패, 경, 옥 이런 이국 소녀들의 이름'을 불러 본다는 내용이다. 명동은 중국 땅이지만 조선인이 세운 개척 마을이었기에 중국인은 거의 없었다. 그런데 왜 시인은 이런 이름을 나열했을까?

당시 중국 관내 한인 학교 졸업생은 소학교 졸업 자격을 인정받지 못했다. 그래서 한인 학교를 졸업하고도 중국 소학교에 편입해 마지막 학년을 한 번

● 지신민족련합학교

더 다녀야 중학 입학 자격을 얻었다. 그래서 동주와 몽규는 명동소학을 졸업한 1931년 3월 바로 중학교에 입학하지 못하고 대랍자소학교 6학년에 편입해 1년 가까이 다녔다. 이때 만났던 중국 여학생의 이름이 「별 헤는 밤」에 남은 듯하다.

북간도의 한인 초등교육은 1906년 서전서숙을 분기점으로 한다. 이전에는 서당 교육이 중심이었다면 서전서숙이 설립된 이후에는 근대적 사립학교가 그 역할을 맡았다. 그런데 1910년대 중화민국 정부는 이런 학교들을 현립학교로 흡수하기 시작한다. 대랍자소학교도 그런 학교 중 하나였다.

대랍자소학교의 공식 명칭은 '화룡 현립 제1소학교'였다. 그런데 이 학교는 현재 '지신민족련합학교'로 이름이 바뀌었다. 현재 이 학교 건물은 신축한 것으로 동주가 다녔던 때의 모습은 남아 있지 않다. 다만 학교 운동장 앞의 비술

● 옛 대랍자소학교 터의 비술나무와 소나무

나무와 소나무가 동주 재학 시절부터 있던 것이란다. 비술나무는 동주와 몽규를 기억할까? 재미도 감동도 없는 상상이지만 그곳에 서면 절실하게 다가오는 질문이다.

학교에서 조금 내려오면 다리가 있다. 지신교다. 이곳에서 멀리 동주의 고향 마을 명동과 그 뒤 선바위가 선명하게 보인다. 눈대중으로 짐작해 보아도 상당한 거리다. 동주와 몽규가 왕복 20리 길을 약 1년 동안 걸어서 통학했다는 증언이 실감된다.

대랍자소학교 답사는 매우 지난한 과정을 거쳤다. 자료는 부족했고, 앞서 답사한 이들도 거의 없었다. 룽징에서 오래 신문사 사진기자로 일한 박청산 선생의 도움이 없었다면 불가능한 일이었다. 그랬기에 나도, 답사 동행들도 동주를 따라 걷는 길에 어려운 퍼즐 하나를 맞춘 느낌이었다.

● 지신교와 선바위

　내가 이곳에서 한참을 서성인 이유가 하나 더 있다. 동주의 여동생 윤혜원 여사가 오빠의 사망 소식을 전해 들은 곳도 이곳이기 때문이다. 그녀는 당시 교사로 일하며 이곳에 이사 와 있던 고모댁, 그러니까 몽규 집에서 생활하고 있었다. 그렇다면 몽규 어머니가 아들의 사망 소식을 들은 곳도 이곳 어느 집 이었으리라.

　이제 동주가 다닌 중학교를 찾아보자. 동주는 연희전문에 입학하기 전 모두 세 곳의 중학교를 다녔다. 가장 먼저 입학한 곳은 은진중학이다. 이 학교는 '영국덕'이라는 언덕에 있었다. '영국 사람이 사는 언덕' 정도의 뜻인 영국덕 에는 그러나 영국인이 살지 않았다. 영국 국적의 캐나다 선교사가 살았다. 당시 캐나다가 영국령이었기에 이런 이름이 붙은 듯하다.

선교사들이 정착하면서 평범한 산 중턱이던 영국덕은 크게 변한다. 동산교회와 제창병원, 동주의 모교인 은진중학 등이 들어선 것이다. 그런데 영국덕이 근대적 첨단 시설로만 주목되는 건 아니다. 치외법권을 누렸던 캐나다 선교사가 거주하는 영국덕은 일종의 조계지였다. 이는 룽징 거주 한인에게 매우 중요한 의미가 있었다.

캐나다 선교사가 룽징에서 전도를 시작한 1907년은 일제가 룽징 한국 통감부 간도파출소를 설치해 한인을 통제하기 시작하던 때다. 그랬기에 영국덕은 외국인 거주지임과 동시에 한인들에겐 일종의 은신처이자 피난처였다. 제창병원장으로 일했던 플로렌스 J. 머레이가 쓴 『내가 사랑한 조선』의 기록이다.

룽징의 선교부도 법적으로 치외법권 지역으로 인정되어 영국 국기를 게양할 수 있었다. 덕분에 마틴 박사는 일본 경찰에게 쫓기는 조선인을 피신시켰고, 일본 경찰들은 설사 그런 사실을 알고 있었다 해도 어쩔 도리가 없었다.

은진중학은 1920년 개교해 1946년 문을 닫았다. 캐나다 선교부가 설립한 학교지만 개설 요청을 한 이는 김약연 선생과 이동휘 선생이었다. 당시 은진중학은 최신식 근대 교육기관으로 이름이 높았다. 벽돌로 쌓아 만든 3층 본관 건물과 강당, 기숙사 등을 모두 갖추고 있었기 때문이다. 브라스 밴드도 있었고 실험실은 캐나다에서 가지고 온 실험 도구로 꾸몄다.

1955년 중간본 『하늘과 바람과 별과 詩』에 실린 윤일주 선생의 「선백의 생애」에는 은진중학 시절 동주에 관한 흥미로운 내용이 있다. 잡지를 발행하고 글씨를 쓰는 동주 모습은 쉽게 연상되는데, 축구선수 동주와 재봉틀 앞의 동주는 낯설다.

● 은진중학 본관이 3층이었다는 사실을 확인할 수 있다.

은진중학 때의 그의 취미는 다방면이었다. 축구선수로 뛰기도 하고 밤에는 늦은 시간까지 교내 잡지를 꾸리느라고 등사 글씨를 쓰기도 하였다. 기성복을 맵시 있게 고쳐서 허리를 잘록하게 한다든지 나팔바지를 만든다든지 하는 일은 어머니의 손을 빌지 않고 혼자서 재봉틀에 앉아서 하기도 하였다.

동주 재학 시절 은진중학이 특별했던 이유는 또 있다. 민족교육이다. 영국 덕은 치외법권 지역이라 일경도 함부로 할 수 없었다. 명동학교가 불탄 경신참변 때도 은진중학은 무사했다는 사실에서도 이를 확인할 수 있다. 동주의 은진중학 동기였던 문익환 목사는 은진중학에서는 태극기도 휘두르고 애국가도 마음껏 불렀다고 회고했다.

은진중학도 일본어로 된 교과서를 채택하긴 해야 했다. 동주가 은진중학에 입학하던 1932년에는 일본 제국주의 세력에 의해 조종되는 괴뢰국 만주국이 세워졌고, 룽징은 이 만주국 영토 내에 있었기 때문이다. 하지만 은진중학 교사들은 남달랐다. 일본어로 된 교과서를 우리말로 읽고 가르친 것이다.

그런 자유로운 분위기 때문이었을까. 동주는 은진중학 시절에 창작한 시를 기록하기 시작한다. 창작 노트 제목은 『나의 習作期의 詩 아닌 詩』로 최초의 작품, 「초 한 대」, 「삶과 죽음」, 「내일은 없다」가 1934년 12월 24일 날짜로 기록돼 있다. 세 작품 모두 문청 특유의 과장이 없는 건 아니지만 성찰과 희생, 삶의 비극성 등은 이후 동주 시를 가늠할 수 있게 한다.

초 한 대—
내 방에 풍긴 향내를 맡는다.

광명의 제단이 무너지기 전
나는 깨끗한 제물을 보았다.

염소의 갈비뼈 같은 그의 몸
그의 생명인 심지까지
백옥 같은 눈물과 피를 흘려
불살라 버린다.

그리고도 책머리에 아롱거리며
선녀처럼 촛불은 춤을 춘다.

매를 본 꿩이 도망가듯이
암흑이 창구멍으로 도망한
나의 방에 풍긴
제물의 위대한 향내를 맛보노라.

— 「초 한 대」, 1934. 12. 24.

● 오르막길의 오른쪽이 은진중학 터다.

　현재 은진중학 건물은 모두 사라졌다. 일제 말기에는 일본군 부대가, 해방 후에는 중국군 부대가 주둔했을 때도 일부 남아 있던 건물이 '문화대혁명' 시기 깡그리 파괴됐단다. 학교 터는 여전히 군 관련 시설이라 철망으로 막혀 있다.

　그래서 철망 사이로 렌즈를 밀어 넣어 빈터를 촬영할 수밖에 없었다. 영국 덕 오르막길을 몇 번이고 오르내리며 그 길을 맥없이 찍을 수밖에 없었다. '이 길을 동주와 몽규와 익환이 함께 오르며 재잘댔겠구나.' 하는 상상밖에는 허락되지 않는 살풍경이 현재의 영국덕이다.

## 별나라 사람, 무얼 먹고 사나

동주가 평양 숭실중학에서 반년 공부하다 다시 룽징으로 돌아와 편입한 곳은 광명중학이다. 이곳은 현재 북안소학이 자리 잡아 영국덕에서의 아쉬움을 다소 달랠 수 있다. 하지만 당시 동주는 광명중학 편입에 경악했다. 이 학교가 '황국신민'을 기르고 신사참배를 신성시하는 학교였기 때문이다. 문익환 목사는 이렇게 탄식했다. "솥에서 뛰어 숯불에 내려앉은 격이로구나!"

동주가 일본인이 운영하는 광명중학을 선택한 데에는 이유가 있었다. 5년제 중학을 졸업해야 상급학교 진학에 유리했는데, 당시 룽징에는 광명중학만이 5년제 중학이었다. 광명중학 편입 때 동주는 식민지 백성으로 산다는 것의 참혹한 의미를 마음에 새겼을지 모른다.

그런 동주의 마음이 형상화된 시가 있다. 원래 제목이 '矛盾모순'이던 「이런 날」에는 그의 내면만큼이나 스산한 광명중학 교정이 묘사된다. '사이좋은 정문의 두 돌기둥 끝에서 오색기와 태양기가 춤을 추는 날' 오색기는 만주국 국기며, 태양기는 일본제국의 국기다. 동주는 일제가 실질 지배하는 만주국 경내의 일본계 중학에 다녔다. 민족 사학 숭실중학을 자퇴하고 말이다. 그 참담함이 어떠했겠는가. 동주는 이때 38명 중 18등을 했으며 일본어 성적이 가장 나빴다.

광명중학 시절 동주는 동시를 많이 썼다. 현실의 강퍅함이 그를 순수한 동심의 세계로 이끌었을까? 「무얼 먹구 사나」의 '별나라 사람'은 그토록 별을 노래했던 시인으로 보아도 무방하리라. '바닷가 사람 물고기 잡아 먹구 살고 산꼴엣 사람 감자 구워 먹구 살고 별나라 사람 무얼 먹구 사나.'

광명중학 터를 답사하다 보면 담장 너머로 익숙한 건물이 보인다. 지금의 룽징중학, 동주의 광명 시절 대성중학 본관이다. 룽징중학은 동주의 모교라며 관광객들이 자주 방문했던 곳이다. 옛 교사를 개수한 벽돌 건물 2층에 '윤동주 전시관'이, 건물 앞쪽에 한글과 중국어로 새겨진 「서시」 시비가 있기 때문

● 광명학원기념비

이다.

　하지만 룽징중학은 엄밀하게 말해 동주의 모교가 아니다. 해방 전 룽징 지역에는 은진, 광명, 대성, 명신여자, 영신, 동흥 등 여섯 개 중학이 있었다. 해방이 되고 많은 동포가 귀국하면서 학생 수도 급감해 여섯 곳의 중학은 대성중학 자리에 하나로 통합된다. 그것이 룽징중학이다. 동주는 해방 전에 있지도 않던 룽징중학에 다니려야 다닐 수 없었고, 원래 이 자리에 있던 대성중학에도 학적을 둔 적이 없다.

　1992년 룽징중학 교내에 동주의 시비가 건립된 것도 1985년 동주의 묘가 발견된 이후 시인에 대한 추모 사업 과정에서 세워진 것이지 이곳이 그의 모교였기 때문은 아니다. 물론 동주와 이 학교가 전혀 인연이 없지는 않다. 동주의 평생 반려 몽규가 대성중학을 졸업했다.

● 옛 대성중학 본관

몽규가 은진중학에서 대성중학으로 편입한 데는 사연이 있다. 은진중학 재학 중 동주는 앞서 설명한 것처럼 숭실중학 편입을 준비한다. 차후 진학을 고려한 결정이었다. 그런데 이때 몽규는 전연 뜻밖의 행보를 한다. 1932년 윤봉길 의사의 홍커우공원 의거 이후 중국 본토에 세워진 한인 군관학교 입학을 위해 당시 대한민국임시정부가 활동하던 난징으로 간 것이다.

몽규의 이런 대담한 선택에는 은진중학 은사 명희조 선생과 선배들의 실천이 있었다. 대표적 인물이 이익성이다. 그는 항일전쟁 시기 중국에서 가장 체계적으로, 가장 꾸준히, 가장 치열하게 싸웠던 조선의용대 2구대장으로 활약했다. 해방 후에는 조선의용군 보병단장으로 활약하면서 체포된 문익환 목사의 아버지 문재린 목사를 구해 내기도 한다.

몽규가 난징에 도착했을 때 낙양군관학교 제1기는 졸업했지만 제2기는 제

● 룽징중학 동주 시비 「서시」가 한글과 중국어로 새겨져 있다.

대로 운영되지 못했다. 중국 군관학교에서 한인이 교육받는 사실을 포착한 일본이 중국 정부에 강력히 항의했기 때문이다. 난징 인근에서 어렵게 훈련을 받던 2기생들은 결국 해산할 수밖에 없었다.

그럼에도 몽규는 고향으로 돌아가지 않았다. 새로운 진로 모색을 위해 은진중학 선배가 있는 산둥성 지난濟南으로 간다. 하지만 그곳에서 몽규는 체포되고, 본적인 함북 웅기경찰서로 압송됐다 거주 제한을 조건으로 석방돼 고향으로 돌아온다. 그래서 다시 들어간 학교가 대성중학이었다. 이때는 평양에서 돌아온 동주가 광명중학에 편입해 있던 때다. 서로 다른 먼 길을 돌아 두 사람은 룽징에서 해후한 것이다.

몽규를 만난 동주는 어땠을까? 자신은 상급학교 진학을 위해 평양으로 갔는데, 몽규는 목숨을 걸고 무장투쟁에 투신하고자 난징으로 갔다. '어린 때 동무를 하나, 둘, 죄다 잃어버리고 나는 무얼 바라 나는 다만, 홀로 침전하는 것일까?'라는 시구는 이때 동주의 심중에 새겨진 것이 아닐까?

몽규에 대해 동주가 열등감을 느꼈을 결정적인 일이 있었다. 은진중학 시절 몽규는 『동아일보』 신춘문예에 꽁트 「술가락」으로 당선된다. 지금도 그렇지만 당시 신춘문예 당선은 매우 어려운 일이었다. 등단을 위한 가장 공인된 루트였기 때문이다.

일반인 작가 지망생들을 제치고 북간도 룽징의 한 중학생이 당선되었으니 그 놀라움은 컸을 것이다. 몽규의 신춘문예 당선은 동주에게 어떤 의미였을까? 친형제처럼 자란 사이니 축하가 먼저였겠지만 부러움과 시기도 없지 않았을 것이다. 분명한 건 동주가 이 일로 강한 자극을 받았다는 사실이다. 이즈음 동주는 시를 본격적으로 기록하기 시작한다. 또 "대기大器는 만성晚成이다."라는 말로 벼르곤 하더란다. 문익환 목사의 증언이다.

룽징에 있는 학교를 하나 더 소개하는 것으로 동주의 북간도 모교 답사를 마무리한다. 동주가 직접 다니진 않았더라도 모교 중의 모교라고 할 만한 곳이다. 동주가 처음 학교 공부를 시작한 명동학교의 정신적 뿌리, 서전서숙이다.

서전서숙은 1906년 문을 열었다 1년 만에 폐교하고 만다. 그래서 관련 사진도 매우 희귀한데, 교과서에서 보았던 사진이 대표적이다. 瑞甸書塾 네 글자는 당시 숙장이던 이상설 선생의 글씨로 추정된다. 당시 학교 터가 瑞甸大野서전대야라 불렸기에 학교명을 이렇게 지었다.

서전서숙 터에는 현재 룽징실험소학교가 들어서 있다. 운동장 한편에는 서전서숙 기념비와 이상설 선생을 기리는 정자가 있다. 그러나 후대 세워진 기념물은 서전서숙 당시를 기억하지 못한다. 다만 대랍자소학교처럼 비술나무만이 당시를 지금과 이어 준다.

● 서전서숙 기념비와 비슬나무

## 강가에서 말 달리던 선구자(?)

동주의 도쿄 시절을 이야기하며 동주가 당시 도쿄 유학생 선배들의 2·8 독립
선언을, 그리고 그 영향으로 일어난 3·1 만세운동을 모를 리 없다고 했다. 룽
징의 만세운동에 명동학교와 은진중학 출신이 적극 참여했기 때문이다. 1919
년 3월 13일 일어난 룽징의 만세운동은 단일 집회로는 최대 규모였다.

　당시 북간도 한인들의 시위를 무자비하게 탄압한 일경의 중심에 간도 일본
총영사관이 있다. 1926년 재준공된 총영사관 건물은 지금도 시내 한복판에
건재한데, 룽징시 인민정부 건물로 쓰인다. 그런데 왜 일본 정부의 공식 기관
이 당시 북간도 행정의 중심인 옌지가 아니라 소도시 룽징에 설치되었을까?
이주 한인들이 룽징에 모여 살았기 때문이다.

　일제는 1907년 룽징에 한국 통감부 간도파출소를, 1909년에 간도 일본총
영사관을 세운다. 파출소와 영사관은 어떤 차이가 있을까? 전자는 일본 내무

● 일본 총영사관 내에서 말 탄 이가 '선구자'였겠는가? ©위키피디아

성 관할이고 후자는 외무성 소관이다. 즉, 간도에 파출소를 설치했다는 사실
은 간도가 대한제국 영토임을 전제한 것이고, 이곳에 영사관을 세웠다는 것
은 간도를 청나라 영토로 간주했다는 증거다.

1909년에 무슨 일이 있었던 걸까? 9월 일본과 청나라는 간도협약을 맺는
다. 일본이 안봉선 철도부설권 등의 이권을 챙기는 대신 간도를 청나라 영토
로 인정하는 협약이었다. 이에 따라 룽징에 영사관이 들어선 것이다.

지속적으로 경찰관 수를 늘린 간도 일본총영사관은 항일운동가 체포에 역
량을 집중했다. 일례로 동주가 은진중학 3학년이던 1934년 한 해 동안 체포
된 한인이 3,635명으로, 당시 룽징 한인 170명당 1명꼴이었다. 1930년대 초
『조선일보』 기자였던 「바다와 나비」의 시인 김기림은 「간도기행」에서 간도
일본총영사관을 다음과 같이 묘사한다.

시의 동편 마루턱에서 멀리 서북의 낮게 드리운 하늘을 바라보며 사하
라의 사막을 지키는 스핑크스와 같이 줄앉아 있는 근대식의 도색의 그

● 해란강 룽징 시내를 가로질러 흐른다.

리닝으로 물들인 대건물 그것은 틀림없이 일본총영사관이다. 그것은 두터운 벽돌 담장과 포대砲臺에 포위되어 동만의 천지를 비예睥睨한다.

지금도 룽징에 들어가자면 시내를 휘돌아나가는 해란강과 서쪽 멀리 솟은 비암산 정상의 일송정을 자연스럽게 보게 된다. 룽징과 명동을 다섯 번 답사하면서도 나는 이 두 곳을 차 안에서 지나치듯 설명했다. 해란강과 일송정 하면 떠오르는 노래 「선구자」에 대한 배신감 때문이었다.

일송정 자체는 룽징으로 이주한 한인에게 신성한 공간이자 우리 독립운동사의 상징적인 곳임에 틀림없다. 룽징 사람들은 일송정을 당산나무 격으로 생각했고, 일송정 정자는 룽징에 망명했던 민족운동가들이 자주 올랐던 곳이었기 때문이다.

● 일송정 ⓒ박청산

　일송정이라는 이름도 김동삼 선생의 호 一松<sup>일송</sup>에서 유래했다는 설이 있다. 일송 김동삼이 누군가? 서간도에 신흥무관학교를 세운 주역 중 한 분이고, '북간도 호랑이'로 불리며 무장투쟁에 헌신한 애국선열이다. 서대문형무소에서 순국했을 때 누구 하나 그의 시신을 수습하지 않자 만해 한용운이 심우장으로 모셔 장례를 치른 독립운동의 큰 별이다.

　그럼 한때 '제2의 애국가'로까지 불렸던 「선구자」는 북간도 항일투사를 노래한 것인가? '강가에서 말 달리던 선구자'가 김동삼 선생을 비롯한 독립운동가인가? 전혀 그렇지 않다. 당시 룽징에서 말을 타고 다닐 수 있던 이들은 일제 경찰이나 만주국 군인이었지 조선의 항일투사가 아니었다.

　「선구자」의 작사가 윤해영과 작곡가 조두남은 모두 만주국에서 자발적 친일 행위를 이어 가며 만주국을 찬양하는 노래 가사를 짓고 곡을 만들었다. 그

● 강경애 문학비 ⓒ박청산

러던 중 조두남은 표절과 왜곡 등을 통해 1943년 「용정의 노래」를 발표한다.
이 노래가 해방 후 「선구자」로 다시 발표된다. 일제의 괴뢰국가 만주국을 찬
양하던 노래가 만주에서 항일투쟁을 형상화한 노래로 둔갑한 것이다.

　그러나 일송정이 선 비암산 자락에는 당대의 정치 경제적 부조리를 냉철하
게 분석하고 문학적으로 형상화한 작가의 문학비도 있다. 『인간 문제』의 작가
강경애를 기념한 '녀성 작가 강경애 문학비'다. 그녀가 이 작품을 『동아일보』
에 연재한 1934년 8월부터 12월은 동주가 룽징 은진중학에 재학하던 때다.

　"인간 문제! 무엇보다도 이 문제를 해결하지 않으면 안 될 것이다." 『인간
문제』의 주인공 첫째가 작품 말미에 신음처럼 내뱉는 다짐이다. 일제강점기
'인간 문제'는 간단치 않았다. 식민 지배로부터의 해방이라는 민족 혁명과 불
평등한 사회-경제적 구조의 혁파라는 사회 혁명이 동시에 요구되었기 때문이

다. 동주와 몽규가 『인간 문제』를 읽었다면 두 사람의 독해는 어떻게 달랐을까, 무척 궁금하다.

詩 人 과
青 年 文 士

## 고국을 마지막으로 하직하는 교량

동주의 고향 명동에서 한 시간 정도 차를 타고 동쪽으로 달리면 개산툰진에 닿는다. 이곳은 두만강을 사이에 두고 북한 땅 상삼봉을 마주 보는 곳이다. 동주의 증조할아버지 윤재옥이 1886년 고향인 함경북도 종성을 떠나 압록강을 건너 처음 정착한 곳, 자동이 바로 이곳이다.

이곳에서 열심히 일해 근방에서 부자 소리를 듣던 윤재옥은 1900년 명동으로 이사한다. 명동 시절을 이끌어 간 이는 동주의 조부인 윤하현 장로였다. 문익환 목사는 '동만의 대통령이란 별호까지 듣던 김약연 목사님보다 인물됨 자체로는 오히려 큰 분'이었다며 동주의 할아버지를 회상했다.

개산툰진에선 지금도 중국과 북한이 제한적으로나마 교역을 한다. 그래서

● 개산툰진  사진 중앙이 두만강이다. ⓒ박청산

중국 세관과 국경관리소가 있다. 외국인의 접근이 쉽지 않은 곳이다. 그럼에
도 불구하고 내가 이곳을 꼭 가보고 싶었던 이유가 있다. 동주의 마지막을 기
억하기 위해서다. 동주는 살아서 고향으로 돌아오지 못했다. 뼛가루가 돼 아
버지 손에 들려 여기까지 온 동주의 유골은 이곳 상삼봉 다리를 건너 고향 땅
으로 돌아왔다. 동생 윤일주 교수의 회고다.

> 한 줌의 재로 변한 동주 형의 유해가 돌아올 때, 우리는 룽징에서 2백 리
> 떨어진 두만강변의 한국 땅인 상삼봉역까지 마중을 갔었다. 그곳에서부
> 터 유해는 아버지 품에서 내가 받아 모시고 긴긴 두만강 다리를 걸어서
> 건넜다. 2월 말의 몹시 춥고 흐린 날, 두만강 다리는 어찌도 그리 길어 보
> 이던지. 다들 묵묵히 각자의 울분을 달래면서 한마디 말도 없었다. 그것

● 상삼봉 다리

은 동주 형에게는 사랑하는 고국을 마지막으로 하직하는 교량이었다.

   네 번째 답사 때 나는 명동에서 일행들과 헤어졌다. 그리고 택시를 전세 내어 상삼봉으로 향했다. 하지만 낯선 택시를 본 중국 관원들의 눈초리가 심상치 않았다. 다리 근처까지 갔다 차를 돌려 마을을 빠져나올 수밖에 없었다. 상삼봉 다리를 조망할 수 있는 곳이 없을까 주변을 살펴보니 야트막한 산이 눈에 들어왔다.

   7월 말 룽징을 포함한 중국 동북지방은 옥수수로 뒤덮힌다. 가도가도 끝없는 옥수수밭이 펼쳐진다. 그 야산도 예외는 아니었다. 어른 키를 훌쩍 넘는 옥수수밭을 가로지른 지 한 시간, 나는 상삼봉 다리가 보이는 포인트에 닿을 수 있었다. 중국 세관과 상당히 거리가 떨어져 있음에도 초긴장 상태에서 사진을 찍었다. 택시가 있는 곳으로 돌아오고서야 옥수수 잎에 베인 상처의 쓰라림이 느껴졌다.

엉망이 된 신발과 옷은 영광의 상처마냥 자랑스러울 정도였다. 동주에게 진 빚을 조금이라도 갚은 것 같단 생각에 마음은 한결 가벼웠다. 다음 답사 때는 개산툰진 초입까지 30여 명의 답사 동행과 함께 갔다. 나만 그 감동을 독점해서는 안 되겠단 생각 때문이었다.

그렇게 돌아온 동주 유해로 장례를 치른 곳은 고향 명동이 아니라 룽징이다. 동주 집안은 1931년 말 룽징으로 이사했고 동주가 연전 2학년 때 룽징 시내에서 한 번 더 집을 옮긴다. 두 번째 룽징 집은 간도 일본총영사관 근처로 은진중학이 있던 영국덕 아래였다.

룽징 동주 집에는 동주의 정신과 정서를 길러 냈을 책 8백여 권이 벽 한쪽을 차지하고 있었다고 한다. 동주가 연전 시절 집에 올 때마다 이불짐 속에 책을 싸들고 왔기 때문이다. 명동소학 졸업식 선물로 받은 김동환의 『국경의 밤』과 동주가 가장 존경했던 정지용의 『정지용시집』, 그리고 100부 한정판으로 출간돼 구할 수 없자 손수 베꼈던 백석 시집 『사슴』도 있었다.

이제 그곳에 동주 없이 가족만 모였다. 동주 영정 오른쪽 맨 앞줄에 할아버지 윤하현 장로, 아버지 윤영석 선생, 동생 일주, 막냇동생 광주, 어머니 김용, 그리고 여동생 혜원이 오빠의 마지막을 함께했다. 연희전문 졸업 무렵 교내 잡지 『문우』에 동주가 발표했던 「자화상」과 「새로운 길」이 낭독되면서 동주를 배웅했다.

장례식은 1945년 3월 6일 거행된다. 동주가 세상을 떠나고 20여 일 후다. 장례식 사진에 '康德十二年三月六日강덕십이년삼월육일'이라는 날짜가 보이는데, '康德'은 당시 만주국의 연호로 '康德十二年'은 1945년이다. 동주의 영정 바로 왼쪽에 선 분이 장례식을 주관한 룽징 중앙장로교회 문재린 목사다.

누군들 동주의 죽음이 기막히고 아프지 않았겠는가만은, 집안 어른들 때문

● 동주 장례식  동주의 사망 시각이 1945년 2월 16일 새벽 3시 36분으로 정확히 적혀 있는 게 슬픔과 비극을 더 구체화한다.

에 마음대로 울지도 못하고 깊은 슬픔을 안으로 안으로만 삭여야 했던 이가 있다. 동주의 어머니다. 동주의 여동생 윤혜원 여사와 문익환 목사의 어머니 김신묵 여사의 증언이다.

우리 어머닌 참 인자하시고도 대범한 데가 있는 분이셨어요. 낮에는 흔연히 일하시다 사람들이 잠든 깊은 밤이면 오빠의 관 있는데 가서서 관을 어루만지며 소리 없이 눈물만 흘리시더군요.

장례가 지난 얼마 후요, 동주 어머니가 집안의 빨래거리를 챙기고 있다가 동주의 흰 와이셔츠가 나오자 더이상 견디지 못했지. 그만 통곡이 터져 나온 거야. 목을 놓아 통곡하고 또 통곡하고, 마냥 그치지를 못했어.

● 룽징 동주 옛집 터

사람들이 동주가 태어난 명동만을 주목할 때 동주의 룽징 집을 찾는 데 애쓴 이들이 있다. '룽징 윤동주 연구회' 회원들이다. 동주의 가족, 친지, 그리고 지인들의 증언을 교차 확인하는 과정을 거쳐 동주의 룽징 집을 확인한 이들은 2015년 집터에 선 아파트에 사무실을 연다.

## 윤동주는 세계유산이다

이제 우리는 명동-룽징 동주 답사에서 가슴 아프지만 한편으론 가장 가보고 싶어 하는 곳으로 향한다. 동주와 몽규가 잠들어 있는 묘소다. 그 전에 동주의 묘소가 조성되는 과정을 살핀다. 동주 장례식 이후의 일은 윤일주 교수의 회고로 요약한다.

장지는 용정 동산이었다. 간도는 4월 초에나 겨우 해토되는 까닭에 5월의 따뜻한 날을 기다려 우리는 형의 묘에 떼를 입히고 꽃을 심고 하였다. 단오 무렵엔 할아버지와 아버지가 서둘러 묘비를 '詩人尹東柱之墓시인윤동주지묘'라고 크게 해 세웠다.

나는 두 번째 명동-룽징 답사 때 동주 묘를 참배할 수 있었다. 첫 번째 답사 때는 폭우로 엉망이 돼 버린 언덕길을 대형버스가 오를 수 없었다. 떨어지지 않는 발길을 공동묘지 초입에서 돌려야 했다. 3년 후 이곳을 다시 찾았을 때는 산등선을 타고 도로가 나 어렵지 않게 갈 수 있었다.

동주 묘소 참배 때는 유독 예기치 않은 일이 많이 일어났다. 네 번째 답사 때는 버스 기사가 도저히 갈 수 없다고 했다. 8월 한여름 땡볕에 왕복 두 시간 거리를 걸어서 갈 수도 없었다. 나는 택시 일곱 대를 전세 냈다. 룽징 시내에서 동주 묘소까지 가고, 우리가 참배하는 동안 기다리면 웃돈을 주겠다고 했다. 그러나 왕복 택시비를 미리 받은 택시 여섯 대는 줄행랑을 쳐 다시 택시를 불러 내려와야 했다.

나라를 잃었던 시절 룽징 지역 조선인 공동묘지였던 이 언덕에는 지금도 무덤이 많이 남아 있다. 하지만 대부분 제멋대로 잡풀이 웃자라 있어 찾는 이가 없음을 짐작하게 한다. 반면 동주의 묘소는 표지판도 설치돼 있고 차분하게 단장된 채로 우리를 맞는다.

지금이야 동주가 온 한국인의 기림을 받지만, 해방 이후 동주 묘는 가족들 이외에는 누구에게도 알려지지 않았다. 가족들이 룽징을 떠나면서는 근 40여 년 동안 방치되었다. 그래서 1984년 재미 교포 현봉학 선생이 룽징을 방문했을 때 동주의 묘소 위치는커녕 그가 시인이었다는 사실을 아는 사람이 한 명도 없었다. 현봉학 선생의 첫 시도가 실패한 이후 동주 묘소가 '발견'되는 과정은 드라마틱하면서 아이러니하다.

동주 묘소 찾기의 시작은 동생 윤일주 교수로부터 시작된다. 윤 교수는 일본 유학 당시 한국 문학 연구자인 오무라 마스오 교수를 만나 형님 묘소를 찾아 달라며 약도를 한 장 건넨다. 그가 곧 중국 옌볜대학으로 연구 유학을 가기 때문이었다. 당시는 우리나라와 중국이 수교 전이라 윤일주 교수가 직접 묘소가 있는 룽징에 갈 수 없었다.

오무라 마스오 교수가 룽징에서 묘소 위치를 수소문했을 때도 옌볜대학 연구자, 룽징에 오래 산 이들 모두 동주를 알지 못했다. 1980년대 중반이면 동주가 한반도 남쪽에서는 이미 유명세를 떨치고 있었지만, 개혁개방 전의 중국 룽징에는 그런 소식이 전해졌을 리 만무하다. 우여곡절 끝에 오무라 마스오 교수는 1985년 5월 14일 동주의 묘소를 발견한다. 1945년 봄에 묘를 조성했으니 꼬박 40년 만이다.

닷새 후 동주 묘소에 제를 올릴 때 오무라 마스오 교수는 중국과 조선의 국경을 흐르는 두만강에서 잡은 물고기와 '조선'에서 난 명태를 부러 올렸단다. 그리고 옌볜민속박물관에서 유기 제기를 빌려 진설을 했다. 한국 전통 방식

● 무릎을 꿇고 있는 이가 오무라 마스오 교수다.


에 따라 일본인이 동주의 해방 후 첫 제사를 지낸 것이다.

그리고 오무라 마스오 교수는 어렵게 묘비를 탁본한다. 애타게 형님의 묘소를 그리던 윤일주 교수에게 전하기 위해서다. 형님의 묘를 화선지에 묻은 묵향으로만 접했을 동생의 마음은 어땠을까? 나는 「민들레 피리」가 윤일주 선생이 묘비석 탁본을 본 후 쓴 시라고 상상한다. 닿을 수 없는 안타까움과 그리움을 오히려 또렷한 감각으로 형상화해 아쉬움을 스스로 달랬다고 믿는다.


　　　햇빛 따스한 언니 무덤 옆에
　　　민들레 한 그루 서 있습니다.
　　　한 줄기엔 노란 꽃
　　　한 줄기엔 하얀 씨.

꽃은 따 가슴에 꽂고
꽃씨는 입김으로 불어 봅니다.
가벼이 가벼이
하늘로 사라지는 꽃씨.


- 언니도 말없이 갔었지요.


눈 감고 불어 보는 민들레 피리
언니 얼굴 환하게 떠오릅니다.


날아간 꽃씨는
봄이면 넓은 들에
다시 피겠지.


언니여, 그때엔
우리도 만나겠지요.


그러나 우리를 대신해 소중한 일을 해준 오무라 마스오 교수는 그에 걸맞지 않은 대접을 받았다. 동주 묘를 발견한 게 '하필 일본인'이란 비아냥을 들어야 했던 것이다. 평생 '조선문학'을 연구한 그는 항일투사 김산의 평전 『아리랑』을 읽고 한국 역사를 배우지 않을 수 없었고, 『열하일기』를 읽고선 아들을 낳으면 이름을 '趾源지원'으로 짓자고 아내와 약속했다던 이다.

놀라운 건 오무라 마스오 교수의 태도다. 그는 동주 관련 연구를 하고 논문을 완성한 후에도 발표를 미뤘다고 한다. 한국 학자가 유사한 내용의 논문을 먼저 발표한 뒤에야 자신의 논문을 발표한 것이다. 동주와 관련된 자료를 일

● 윤동주 묘소  울타리를 쳐 보호하고 매년 떼를 입혀도 무덤의 잔디가 잘 자라지 않는다고 한다.

본인인 자신이 먼저 발굴하여 발표하는 것은 모양새가 좋지 않다는 게 이유였다. 좀처럼 단언하거나 과장하지 않는 오무라 마스오 교수가 단호하게 쓴 문장이 있다. "윤동주와 김학철은 세계유산이다."

## 청년 문사, 시인 곁으로

동주 묘소 앞에 서면 다들 말이 없다. 헌화도 하고 술도 한 잔 올리고 묵념도 하고 동주의 시도 낭송하고 사진도 찍고 해도 마음 한편이 부끄럽다. 동주가 당당하게 살았던 망국의 때를 생각하면 어쩐지 우리는 너무 안일하게, 너무 염치없게, 너무 무심하게 산 것 같아서다. 「윤동주 무덤 앞에서」를 쓸 때 정호승 시인도 그랬을까?

● 송몽규 묘소 '龍井中學同窓會修繕용정중학동창회수선'이라 새긴 것이 애틋하다.

이제는 조국이 울어야 할 때다
어제는 조국을 위하여
한 시인이 눈물을 흘렸으므로
이제는 한 시인을 위하여
조국의 마른 잎새들이 울어야 할 때다
(…)


죽어서 사는 길을 홀로 걸어간
잎새에 이는 바람에도 괴로웠던 사나이
무덤조차 한 점 부끄럼 없는
죽어 가는 모든 것을 사랑했던 사나이

1945년 단오 무렵 동주 가족은 묘비를 세운다. 묘석은 동주의 할아버지 윤하현 장로의 묘비석으로 준비해 둔 것이었다. 자신의 비석을 손자의 묘비석으로 세우는 할아버지의 마음이 어땠을까? 할아버지는 여기에 詩人尹東柱之墓라고 새겼다.

동주는 신춘문예를 통해서가 아니라, 시집 출간을 통해서가 아니라, 기성 작가의 추천을 통해서가 아니라, 할아버지와 아버지에 의해 처음 '시인'으로 칭해졌다. 할아버지는 정식 등단도 하지 못하고 시집을 내지도 못했지만, 손자가 온전히 시인으로 살다 갔음을 믿어 의심치 않았던 것일까.

동주 묘소를 참배한 후에는 몽규 묘소로 향한다. 그런데 갈수록 동주 묘소보다 몽규 묘소에 머무는 시간이 늘어난다. 그를 미처 알지 못했음이 송구해서일까, 동주에게로만 향하는 사람들의 관심에 대한 반작용 때문일까, 죽어서도 동주를 통해서만 기억되는 안쓰러움 때문일까?

원래 몽규 못자리는 이곳이 아니다. 고향 동거우에 있던 몽규 묘소는 해방 후 가족들이 떠나면서 역시 잊힌다. 그러다 동주 묘소가 발견되고 5년 후인 1990년 조선족 유지들의 주도로 몽규 묘소 찾기가 시작된다. 묘비석에 '靑年文士宋夢奎之墓청년문사송몽규지묘'가 새겨져 있다는 사실을 알고 있었기에 가능한 시도였다.

그런데 묘비석을 발견했지만 다른 문제가 생겼다. 몽규의 묘비석이 특정 봉분 앞이 아니라 송씨 집안 가족묘 인근에 쓰러진 채 발견되었기 때문이다. 사람들은 땅이 풀리자 주변 묘를 파기 시작했다. 역시 믿는 구석이 있었기 때문이다.

동주의 장례식이 고향 명동에서 치러진 다음 날인 1945년 3월 7일, 몽규도 후쿠오카감옥에서 숨을 거둔다. 얼마나 억울한 죽음이었는지 눈도 감지 못한 것을 아버지 송창희 선생이 감겨 주었단다. 그리고 몽규 아버지는 아들 뼈를 빻으며 튄 뼛조각까지 남김없이 수습했다. 그때 흙 일부도 유골 상자에 담겼다.

흙이 섞인 뼛가루가 달리 있을 리 만무하니 몽규 묘소 찾기를 주도했던 룽징중학교 유기천 교장은 확신을 갖고 관을 열어 확인한 것이다. 그렇게 1990년 몽규의 묘는 발견된다. 부지깽이를 꽂아도 싹이 난다는 청명에 몽규는 동주 곁으로 갔다. 몽규는 동주 곁에 있으니 행복할까? 나는 잘 모르겠다.

# 5장

동주의 가장 빛나는
시간을 걷다

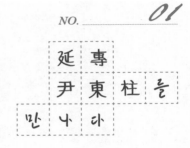

延專
尹東柱를
만나다

## 소라 속처럼 안도하였던 것

동주를 아무리 좋아한다고 해도 그가 태어난 곳이나, 눈을 감은 곳이나, 묻힌 곳을 찾기란 쉽지 않다. 그러나 동주의 '가장 풍요로웠던 시기, 가장 자유로웠던 시기'를 추체험하기 위해 멀리 갈 필요는 없다. 동주는 경성, 지금의 서울에서 고향 다음으로 긴 시간을 보냈고 이때를 성숙하고 풍성한 일상으로 채웠기 때문이다.

동주의 연희전문 동기인 유영 교수는 이렇게 회고한 바 있다. "교실과 하숙방, 그리고 생활 전부가 모두 그의 창작의 산실이었다." 동주의 삶 대부분이 그러했지만, 특히 서울 연전 시절이 그의 길지 않은 인생에서 밀도가 가장 높다고 나는 생각한다.

● 스팀슨관과 아펜젤러관의 태극 문양

연세대학교는 서울 동주 답사 출발지로 맞춤이다. 서울에 온 동주가 맨 처음 정착했고, 그래서 그를 기리는 시비와 기념 공간이 가장 먼저 세워진 곳이기 때문이다. 현재 연세대의 상징과도 같은 스팀슨관-언더우드관-아펜젤러관은 동주 재학 당시도 연희전문의 심벌이었다.

이곳에는 동주가 연희전문을 선택한 중요한 이유가 남아 있다. 동주는 1학년 여름방학 때 고향으로 돌아가 후배에게 연희전문을 소개한다. 학교 곳곳에 태극 문양이 새겨져 있는 등 민족적 정서가 충만하다는 것이다. 동주가 말한 태극 마크는 아닌 게 아니라 돌에 새겨진 채 지금도 또렷하다.

본관 건물군을 둘러보고 뒤로 돌면 서쪽 언덕으로 연전 시절의 건물이 하나 더 자리하고 있다. 1938년 동주가 연전에 입학했을 때 생활했던 핀슨관이다. 동주는 이 기숙사와 주변이 무척 마음에 들었나 보다. 입학과 졸업하던 해에 쓴 수필에 이곳을 매우 상세하고 감각적으로 묘사하고 있기 때문이다.

밖을 내다보니 가을 하늘은 역시 맑고 우거진 송림은 한 폭의 묵화다. 달

● 핀슨관

빛은 솔가지에 솔가지에 쏟아져 바람인 양 솨-소리가 날 듯하다. 들리는
것은 시계소리와 숨소리와 귀뚜라미 울음뿐 벅적거리던 기숙사도 절간보다
더 한층 고요한 것이 아니냐?

　　　　　　　　　　　　　　　　　　　　　　　　　－「달을 쏘다」, 1938. 10.


일찍이 서산대사가 살았을 듯한 우거진 송림 속, 게다가 덩그러시 살림집
은 외따로 한 채뿐이었으나 식구로는 굉장한 것이어서 한 지붕 밑에서 팔
도 사투리를 죄다 들을 만큼 모아놓은 미끈한 장정들만이 욱실욱실하였
다. 이곳에 법령은 없었으나 여인금납구였다. (…) 이렇듯 수도생활에 나
는 소라 속처럼 안도하였던 것이다.

　　　　　　　　　　　　　　　　　　　　　　　　　－「終始종시」, 1941.

● 핀슨관 도머창

    여러 증언에 의하면 입학하던 해 동주 방은 3층에 있었다. 그런데 핀슨관은 외형상 2층 건물이다. 지붕 양쪽에 창이 있는 게 이채로울 뿐이다. 경사 지붕에 튀어나온 이런 창을 도머창dormer window이라고 하는데, 다락방이 있다는 증거다. 동주는 3층 다락방에서 몽규, 강처중과 함께 연전 시절을 시작했다.

    핀슨관에는 아담하다고 하기엔 너무 초라한 '윤동주기념실'이 있었다. 다행히 2013년 유족들의 유품 기증을 계기로 2020년 '윤동주기념관'으로 재개관을 준비하고 있다. 무엇보다 반가운 건 동주가 생활했던 3층 다락방을 공개한 것이다. 검박하지만 누추하지 않아 동주 마음에도 꼭 맞을 것 같다.

    '미끈미끈한 장정들만이 욱실욱실'한 기숙사에는 '남북 전쟁'이 치열하기도 했다. 기숙사 복도를 경계로 남료와 북료로 나뉘어 1년에 한 번 축구대회를 열었단다. 은진중학 시절 축구선수로 활약했던 동주니 구경만 하고 있었을 것 같지 않다.

증언에 따르면 동주 지인들은 그가 축구선수로 뛰는 것에 몇 번이고 놀랐단다. 평소 성품이 온순하고 진중한 그가 축구선수로 뛰겠다는 데 처음 놀라고, '볼 앞에 서기만 하면 비호처럼 빠르니' 또 놀라고, '날쌘 드리블을 막아내는 선수가 없는 것'에 다시 한번 놀랐다는 것이다.

동주가 세상을 떠나고, 해방을 맞고, 그러고도 한참 시간이 지난 1968년 11월 '단풍잎 같은 슬픈 가을이 뚝뚝 떨어지는' 날 이곳과 그때를 기억한 이가 있다. 동주의 연전 2년 후배이면서도 누구보다 동주와 깊이 사귀고, 훗날 동주의 시집 발간에 앞장서고 그의 시를 알리는 데 성심을 다한 정병욱 교수다. 이날은 최초의 동주 시비가 세워진 날이었다.

> 시비 바로 뒤에 보이는 건물 2층은 그가 기거하던 곳이었습니다. 그가 있던 방은 저 기숙사에서 가장 밤늦도록 불이 꺼지지 않는 방의 하나였고, 어느 방보다도 아침 일찍 창문이 열리는 방이기도 하였습니다. 그의 방은 언제 가보아도 잘 정돈이 되어 있었고, 그러면서도 어느 다른 방보다 사람들이 많이 들끓는 방이기도 하였습니다.

동주의 첫 시비가 세워진 언덕에선 누구나 '나의 별에도 봄이 오면 (…) 내 이름자 묻힌 언덕 위에도 자랑처럼 풀이 무성할 게외다.'라는 구절을 떠올리리라. 그런데 「별 헤는 밤」의 이 마지막 연은 정병욱 교수의 조언을 받아들여 동주가 후에 추가한 것이다. 정 교수는 이곳을 동주의 '사색의 보금자리'이자 '시를 다듬어 낸 대장간'이라 부르기도 했다.

동주 첫 시비를 설계한 이는 동주의 동생 윤일주 교수다. 교토 도시샤대학 이야기 때 언급한 것처럼 윤 교수는 가로와 세로의 두 가지 설계안을 냈다. 연세대학에는 약간 비탈진 지형을 고려해 세로로 긴 시비가 채택되었다. 다른

● 연세대 윤동주 시비  뒤로 동주 기념관 동판이 보인다.

설계안은 27년 후 동주의 또 다른 모교 도시샤대학에서 동주를 기리는 시비로 서게 된다. 쌍둥이답게 두 시비에는 같은 작품이 새겨져 있다.

「서시」에는 애초 제목이 없었다. 졸업을 기념해 그가 고른 18편의 시를 묶어 자필 자선 시집을 만들 때 서문 격으로 쓴 작품이기 때문이다. 세 부 제작된 시집 중 동주가 정병욱 교수에게 선물한 것만 유일하게 남아 이후 동주의 삶과 문학을 알리는 데 결정적인 역할을 한다.

동주의 도쿄 유학 시절 물심양면으로 돕고, 교토 시모가모경찰서에서 생전 마지막 동주를 면회했으며, 동주의 시신을 수습하기 위해 만주국 수도 신징에서 일본 후쿠오카까지 동주의 아버지와 동행했던 이, 윤영춘 선생도 연세대학교 동주 시비 제막식에 참석했고 기록을 남겼다.

그날 친척을 대표해서 답례의 인사를 하는 도중에 나는 울었고, 수백 명 회중도 다 울었다. 바로 나의 옆에 앉으셨던 최현배 선생과 김윤경 선생은 한없이 울으셨다.

## 생사의 시기와 신록 예찬

지금과 달리 동주 재학 당시 연희전문은 절보다 더 고요할 만큼 소나무 숲이 장했나 보다. 동주 묘사가 그렇다. 사대문 밖이라 그랬을까? 당시 연전 위치가 시골이기도 했지만 다른 이유도 있다. 조선 초기 이궁離宮 중 하나인 연희궁과 사도세자의 생모 영빈 이씨의 원묘인 수경원이 이곳에 있었기 때문이다.

1917년 연희전문은 이곳에 교사校舍 마련을 위해 부지를 구입한다. 당시 경희궁의 흔적은 전혀 없었지만, 1970년에야 경기도 서오릉으로 옮겨진 수경원은 건재했다. 규모는 작더라도 조선의 궁궐이 있었고 장조로 추존된 사도세자 생모의 묘가 있었으니 주변 원림이 잘 조성돼 있었을 것이다.

나무로 지어진 임시교사를 제외하면 연희전문에 처음 준공된 건물은 스팀슨관으로 당시에는 본관으로 불렸다. 4년 후인 1924년 학관 언더우드관과 과학관 아펜젤러관이 완공되면서 지금의 연세대 본관 건물군이 완성된다. 현재 연세대학교 본관인 언더우드관은 당시 문과대 건물로 쓰였다.

동주가 연전에 입학한 1938년 이전에 완공된 그 외 건물로는 기숙사인 핀슨관과 노천극장이 있다. 그리고 동주가 3학년 때 핀슨관 옆에 한경관이 준공된다. 이곳은 연희전문의 설립자인 언더우드 박사, 한국명 원두우 박사의 외아들이자 연희전문 3대 교장인 원한경 박사를 기념한 건물이다. 한경관은 당시 학생 및 교직원 식당으로 쓰였다.

이렇게 정리하면 당시 동주의 교내 동선이 대체로 확인된다. 아침에 일어

나 기숙사인 핀슨관을 나선 동주는 바로 옆 한경관에서 아침 식사를 했을 것
이다. 그리고 수업 시간표에 맞춰 주로 언더우드관에서 수업을 듣고 노천극
장 등지에서 친구들과 여유로운 시간을 보냈으리라.

　동주의 공간은 이렇게 고증된다. 그러면 동주가 연전 생활을 하던 시기는
어땠을까? 동주가 연전에 입학한 1938년 4월은 중일전쟁이 발발한 지 10개
월이 지난 때다. 중국 동북지방에 괴뢰국 만주국을 세운 일제가 본격적인 중
국 본토 침략에 나서 승전을 이어 가던 시기다.

　동주의 연전 마지막 해인 1941년은 일제가 전선을 태평양까지 확대해 미국
과의 결전도 불사한 때다. 바야흐로 일제는 전 세계를 상대로 전쟁을 벌인 것
이다. 중일전쟁 이후 식민지 조선은 일제의 병참기지로 전락하고, 태평양전쟁
이 발발하자 대다수 조선인은 심각한 생존의 위협을 받는다. 해방 후 한 평론

가는 이때를 다음과 같이 요약했다.

태평양전쟁은 모든 영역에서 조선 민족의 생활을 그 뿌리부터 뒤집어 놓고 말았다. 봉건적 지주층과 대부분의 자본가들은 앞을 다투어 일본 제국주의의 주구가 되고 민중은 죽음과 기아의 나락으로 빠져들어 갔다. 조선 민족의 생사生死의 시기는 이미 도래했다.

연희전문 또한 수난을 겪었다. 조선총독부는 연전을 적산敵産으로 삼아 강점하고 언더우드 동상을 전쟁물자로 공출한다. 그리고 그 자리에 '대동아전쟁'을 홍보하는 흥아유신기념탑興亞維新紀念塔을 세운다. 글씨를 쓴 사람은 당시 조선 총독이던 미나미 지로. 이 비를 세운 1941년 12월 8일 일제는 진주만

● 흥아유신기념탑

을 공습해 태평양전쟁을 일으킨다.

　이런 참혹한 시기가 동주의 연전 4년이다. 동주는 어떻게 이때를 견뎠을
까? 좋은 스승에게 배우고, 뜻 맞는 벗과 함께 공부하는 것이 적잖은 위안과
격려가 되었으리라. 동주의 연전 스승 중 가장 먼저 떠오르는 분은 이양하 선
생이다. 동주와 함께 찍은 사진이 남아 있기 때문이다.

　　이양하 선생의 강의는 또 다른 면에서 동주에게 많은 영향을 주었다고
　　생각이 된다. 그분은 스스로 수필을 쓰시고 또 시도 좋아하시어 당시 몇
　　몇은 평론이며 시를 써서 그분의 지도와 조언을 받았다. 동주 역시 자주
　　접촉하여 지도를 받은 바 있다. (⋯) 우리는 그분과 더불어 언더우드 동
　　상 앞에서 기념사진을 찍었다.

● 연세대 답사를 갈 때면 제자들과 꼭 이 자리에서 기념사진을 찍는다.

시를 쓰고 싶었던 동주에게 글을 쓰던 이양하 선생은 학과 교수 이상의 의미가 있었을 것이다. 이양하 선생은 교토 삼고三高 시절 이야기도 동주를 비롯한 학생들에게 해주지 않았을까? 그가 교토 시절을 '내 일생의 가장 아름답고 꽃다운 청춘, 기쁨과 희망에 넘치는 삼 년'으로 회고하기 때문이다. 훗날 동주가 교토에서 공부한 것도 이양하 선생의 영향이 전혀 없진 않았으리라.

동주는 연전 시절 내내 이양하 선생에게 영향과 도움을 받았던 것 같다. 졸업을 기념해 시집을 출간하고자 상의한 이도 이양하 선생이었다. 그러나 스승은 당시 엄혹한 시국에서 제자에게 미칠 위험을 염려해 시집 출간을 만류한다. 「십자가」, 「또 다른 고향」 같은 작품들이 검열을 통과할 수 없다고 판단한 것이다.

꽤 오랫동안 국어 교과서에 실려 있던 「신록예찬」이라는 수필은 이양하 선생이 연희전문 교수 시절 교정 인근을 산책하며 쓴 글이다. 이 글에 등장하는 곳은 동주도 자주 찾는 산책 코스였다. 지금이야 신촌세브란스병원의 고층 건물 때문에 보이지 않지만 당시에는 이곳에서 멀리 이화여전이 보였다 한다.

● 지금 이곳은 청송대로 불린다.

오늘도 하늘은 더할 나위 없이 높고, 우리 연전 일대를 덮은 신록은 어제보다도 더 깨끗하고 신선하고 생기 있는 듯하다. 나는 오늘도 나의 문법 시간이 끝나자, 큰 무거운 짐이나 벗어 놓은 듯이 옷을 훨훨 떨며, 본관 서쪽 숲 사이에 있는 나의 자리를 찾아 올라간다.

동주는 이곳에서 종종 노래도 불렀다. 당시 이곳은 영월대迎月臺로 불렸는데, 달을 맞는다는 이곳에 보름달이 휘황하면 동주는 「아 목동아」를 즐겨 불렀다고 정병욱 선생은 술회했다. 두 사람이 깊은 대화를 시작한 곳도 이곳이다. 지금은 거대한 전파망원경이 동주가 즐겨 노래했던 별을 한결같이 바라고 있다.

## 동주의 시고를 자랑스레 내주면서

한번은 동주를 비롯한 동료 모두가 통곡을 한 일이 있다. 수업 중 한 교수의 '잡담' 때문이었다. 제정 러시아의 지배를 받던 때, 한 폴란드 교사가 몰래 학생들에게 모국어를 가르쳤다. 그런데 학교를 관리하는 감독관이 불시에 교실을 순시하는 통에 학생들이 폴란드어 교과서를 숨겼다는 이야기였다.

이야기를 전하던 역사학 교수는 울음을 참지 못했고 수업을 듣던 학생들도 모두 눈물을 쏟았다. 급히 폴란드어 교과서를 숨긴 학생 중에는 어린 퀴리 부인이 있었다는데, 조선어를 마음대로 쓸 수 없었던 동주와 친구들이 동병상련을 느꼈음을 어렵지 않게 짐작할 수 있겠다.

조선을 넘어 대륙으로 침략의 마수를 뻗치던 일제는 한반도를 전쟁물자 조달 기지로 만든다. 이를 효과적으로 수행하기 위해 조선총독부는 조선과 일본이 하나라는 내선일체內鮮一體를 주장, 강요했다. 그리고 조선인은 일본 '천황'의 백성이 돼야 한다는 주장도 했다. 황국신민화다.

조선과 일본이 하나라면 언어도 하나가 돼야 하기에 1937년 2월 조선총독부는 관청에서의 조선어 통역을 폐지하고 일본어 상용을 명령한다. 그리고 두 달 후 조선 총독 미나미 지로는 학교에서의 조선어 사용을 금지했다. 그해 7월에는 조선어 출간물을 금지하기에 이른다. 모두 동주가 연전에 입학하기 1년 전에 벌어진 일이다.

그래서였을까? 1학년 동주는 외솔 최현배 선생의 우리말 수업을 열심히 들었다. 이 수업은 동주가 100점을 받은 유일한 과목이기도 했다. 윤일주 교수의 기억에 따르면 동주는 연전 입학 전부터 최현배 선생의 『우리말본』을 자신의 서가에서 가장 좋은 자리에 꽂아 두고 귀하게 여겼다 한다.

외솔 선생의 『우리말본』 강의를 들었을 때 우리는 얼마나 감격했고 또 영광스러웠고 연희 동산이 얼마나 고마운 곳인가를 뼈저리게 느꼈다. 동

● 외솔 최현배 흉상  핀슨관 북쪽의 외솔관 입구에 서 있다.


주가 얼마나 그 강의들을 열심히 들었는지, 항상 앞자리에 앉던 동주의 모습이 지금도 눈에 선하게 떠오른다.

그런데 1938년 말 최현배 교수는 일제가 조작한 '흥업구락부 사건'으로 연전에서 강제 퇴직당한다. 다행히 민족사학을 자처한 연희전문은 최현배 선생을 도서관 촉탁에 임명해 선생이 강의를 계속하도록 배려한다. 동주도 마음을 쓸어내렸으리라.

한글학자인 스승 외솔과 생의 마지막까지 한글로 시를 쓴 제자 동주의 인연은 이후에도 이어진다. 동주의 유고 시집 『하늘과 바람과 별과 詩』는 1948년 정음사에서 출간된다. 그런데 정음사는 최현배 선생이 『우리말본』 중 『소리갈』을 등사본으로 찍기 위해 세운 곳이었다. 강의 교재로 사용하기 위해서다.

정음사는 1941년부터 본격적인 출판 사업을 시작하지만 일제 탄압으로 해방 때까지 강제 휴업을 당한다. 1945년 최현배 선생의 아들 최영해 사장이 취임하면서 활발한 출판을 시작하는데, 이때 『하늘과 바람과 별과 詩』 초판본도 출판한 것이다. 제자의 유고 시집은 한글학자 스승의 영향을 받아선지 당시로는 드물게 가로쓰기를 택했다.

그러나 최현배 선생과 동주가 직접 만났다거나 대화를 나눴다는 기록은 없다. 이를 아쉽게 여겼을까? 2016년 도시샤대학에서 상연된 음악 낭독극 「목숨이 빛나는 우지강변」에는 이런 대화 장면이 나온다.

선생님, 요즘 저는 바람이나 빛의 존재를 피부로 느낄 때, 여러 사람의 얼굴이 떠오릅니다. 꽃이나 동물, 경치조차도 무언가를 말하고 있는 것처럼 느껴집니다. 마음에 떠오르는 생각을 저만의 문장으로 표현하고 싶습니다.

지금 조선은 일본에 강제 병합되어 조선 문화는 존망의 위기에 있다네. 서둘러 조선어 어원이나 유래를 밝히고, 문법을 확립하지 않으면 조선어는 없어지고 말아. 내가 조선어학회에서 사전 편찬에 매진하는 것도 그 때문이라네.

말이 나온 김에 『하늘과 바람과 별과 詩』가 출간되고 이후 보완되는 과정을 살핀다. 앞서 소개한 대로 동주는 졸업 기념으로 77부 한정으로 시집 출간을 추진하지만 뜻을 이룰 수 없었다. 그래서 자신이 고른 18편과 「서시」를 직접 써 자필 자선 시집 세 부를 마련한다. 한 권은 자신이 소장하고 이양하 선생과 후배 정병욱에게 선물한다.

동주는 애초 시집 제목을 18편에 포함돼 있던 시 「병원」에서 가져오려고

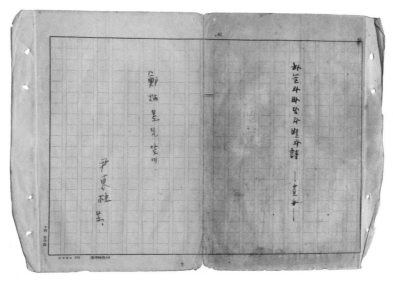

● 윤인석 교수에 의하면 여러 번의 방송 촬영 시 강한 조명 때문에 원고지가 '탔다'고 한다.

했다. 식민지 조선은 환자가 가득 찬 것 같고, 병원은 아픈 사람을 고치는 곳
이니 자신의 시집이 병을 앓는 이들에게 다소나마 도움이 되었으면 하는 바
람에서다. 동주는 '하늘과 바람과 별과 詩'라는 제목 왼쪽에 연필로 '病院병원'
을 적어 정병욱에게 선물한다.

　정병욱 선생은 이 시집을 어떻게 했을까? 동주가 교토에서 검거된 지 반년
후 자신도 학병으로 끌려가기 직전, 정병욱 선생은 전라남도 광양 본가로 내
려가 어머니에게 시집을 맡긴다. 동주의 생사도 알 수 없었지만, 자신도 살아
돌아오리라는 보장이 없었기 때문이다. 절박함은 비장함으로 이어졌다.

　　나나 동주가 다 죽고 돌아오지 않더라도 조국이 독립되거든 이것을 연
　　희전문학교로 보내어 세상에 알리도록 해달라고 유언처럼 남겨 놓고 떠

● 광양 망덕포구에 자리한 이곳의 정식 명칭은 '광양 윤동주 유고 보존 정병욱 가옥'이다.

낮었다. 다행히 목숨을 보존하여 무사히 집으로 돌아가자 어머님은 명주 보자기로 겹겹이 싸서 간직해 두었던 동주의 시고를 자랑스레 내주면서 기뻐하셨다.

위 증언에는 나오지 않지만 정병욱 교수는 유고의 보관 장소를 몰랐다. 누이동생 정덕희 여사의 증언이다. 광양 본가는 규모가 꽤 컸고 비밀 장소가 있었단다. 마루 널 중 하나를 들어 올리면 그 밑에 독이 있었고 동주의 시집을 포함한 귀중품을 이곳에 보관했다는 것이다.

그녀는 부산여고에서 공부할 때 동주의 시를 다시 만난다. 당시 같은 학교 국어 교사였던 정병욱 선생은 동주의 「서시」를 판서한 후 학생들을 보지 못하고, 손수건으로 눈물을 훔치며 한참 동안 창밖을 내다보았단다. 훗날 정덕

● 『하늘과 바람과 별과 詩』 최초본(©울산박물관)과 초판본

희 여사는 오빠의 주선으로 동주의 동생 윤일주 선생을 만나고 두 사람은 결혼한다.

윤일주-정덕희 부부가 신혼여행을 다녀온 직후, 정병욱 교수는 자신이 보관하고 있던 『하늘과 바람과 별과 詩』를 동주의 동생에게 건넨다. 두 사람의 결혼으로 자신 또한 동주의 인척이 되었지만, 혈족에게 동주의 피와 뼈 같은 시집을 돌려준 것이다.

해방 다음 해 청년 윤일주는 고향을 떠나 서울에 왔고 형님 친구들을 찾아다니며 동주의 유고와 유품을 수습했다. 그러던 중 동주 2주기 추모 모임에서 유고 시집 발간이 추진되고, 3주기를 앞두고 『하늘과 바람과 별과 詩』가 발간되기에 이른다.

여기에는 총 31편의 작품이 실려 있다. 정병욱 선생이 보관했던 동주의 자

● 『하늘과 바람과 별과 詩』 중간본　2018년 성북구립미술관 '책 속의 화가展'에 출품된 것으로 표지 그림은 수화 김환기가 그린 것으로 알려져 있다.

필 자선 시집 『하늘과 바람과 별과 詩』의 19편과 릿쿄대학 시절 동주가 강처중에게 보낸 다섯 편, 『조선일보』에 발표한 두 편, 그리고 동주가 노트와 낱장에 남긴 다섯 편이다.

초판본 『하늘과 바람과 별과 詩』는 두 번 제작되는 곡절도 겪었다. 동주 3주기에 맞춰 시집을 출간하려 했지만 해방 직후라 모든 물자가 부족했고 특히 종이를 쉽게 구할 수 없었다. 그래서 급한 대로 벽지로 겉표지를 만들어 시집 10권을 제본했다. 이 최초본은 3주기 추도식 참석자들만 나눠 가졌다. 정식 출판된 초판본은 한 달 후에야 나왔다.

초판본이 출간된 지 10개월 후 동주의 여동생 윤혜원 여사도 고향을 떠나 서울로 온다. 이때 『나의 習作期의 詩 아닌 詩』와 『窓』을 가지고 옴으로써 동주 작품이 상당수 확보된다. 그러나 한국전쟁 전후의 혼란한 정국 때문인지 중간본은 1955년에야 발행된다. 수화 김환기의 표지 그림이 더해진 것은 반가운 일이나 정지용의 서문과 강처중의 발문이 제외된 건 아쉽다. 이후 1976년 『나라사랑』 윤동주 특집호에 비공개 작품이 실리고, 이를 포함한 3판이 발행된다.

## 어제도 가고 오늘도 갈 나의 길

북간도 룽징 시절 동주의 마지막 작품은 「山峽산협의 午後오후」로 '아—졸려'라는 다소 황당한 시구로 끝난다. 그런데 연전에 입학해 쓴 첫 시의 제목은 「새로운 길」이다. 동주의 심경과 태도 변화가 극적이다. 동주는 연전 시절의 시작을 이렇게 노래했다. '나의 길은 언제나 새로운 길'.

무엇보다 해방감 때문이었으리라. 동주는 광명중학 시절 '가슴이 답답하구나'라고 토로한 적이 있다. 동시에 문과 진학을 반대했던 아버지에게 보란 듯이 문학 공부를 해내겠다는 자신감도 보여 주고 싶었을 것이다. 동주 아버지는 "내가 문학을 해봤지만 문학이란 건 아무 쓸 데가 없더라."며 아들의 문과 진학을 못마땅해했다.

내를 건너서 숲으로
고개를 넘어서 마을로

어제도 가고 오늘도 갈
나의 길 새로운 길

민들레가 피고 까치가 날고
아가씨가 지나고 바람이 일고

나의 길은 언제나 새로운 길
오늘도…… 내일도……

내를 건너서 숲으로
고개를 넘어서 마을로

-「새로운 길」, 1938. 5. 10.

시에 등장하는 내, 숲, 고개 등은 연희전문 인근만이 아니라 어디서나 볼 수 있는 것이다. 오히려 지금의 연세대학교 인근의 번잡함을 생각하면 쉽게 상상되지 않는 풍경이다. 하지만 1950년대 이곳에 살았던 이상섭 교수는 연전 인근에 작은 냇가와 너른 숲과 시내 중심부로 넘어가는 고개가 또렷하게 떠오른다고 회고한 바 있다.

연세대학교 정문 앞으로 보이는 경의선 철둑은 예나 지금이나 같지만, 현

● 왼쪽이 어니스트 베델, 오른쪽이 호머 헐버트의 묘소다.

재 많은 이들이 통행하는 굴다리는 당시 한쪽으로 개울이 흐르는 침침한 터널에 불과했다. 1950년대까지만 해도 연세대 앞 창천동 복판에는 창내라는 개울이 있었다는 것이다. 서울 시내로 가려면 반드시 넘어야 했던 큰 고개 대현동大峴洞 과 애오개 아현동阿峴洞이 「새로운 길」 화자의 코스는 아니었을까.

동주의 산책로 끝에는 외인묘지가 있었다. '들국화가 피고 벼 이삭이 고개를 숙일 무렵', 가을바람이 소슬한 시간과 공간이 어울리는 때 특히 자주 찾았단다. 기독교인인 동주는 신앙을 전하다 이국에 묻힌 외국인 선교사 묘를 어떤 심정으로 바라보았을까, 룽징 영국덕의 캐나다 선교사를 떠올렸을까?

"나는 죽을지라도 신보는 영생케 하여 한국 민족을 구하라."고 말한 후 숨을 거둔 『대한매일신보』 사장 어니스트 베델의 묘 앞에서 동주는 오래 고개를 숙였으리라. 동주가 보진 못했겠으나 해방 후 이곳에는 대한제국의 독립을 위해 힘쓴 호머 헐버트 박사도 묻혔다. 그는 "나는 웨스트민스터사원보다도 한국 땅에 묻히기를 원하노라."고 유언했다.

연세대 인근 동주 산책길은 북아현동으로 이어진다. 동주는 이곳에서

● 북아현동 지용소공원

1939년과 1941년 두 번 하숙했다. 주소는 알 수 없다. 하지만 동주가 평생 흠
모했던 정지용 선생을 북아현동 하숙 시절 뵈러 갔다는 증언이 있다. 다행히
정지용 선생 거처 주소지 인근에는 선생의 이름을 딴 아담한 공원이 조성돼
있다.

　　1930년대 조선의 문학 지도를 '시에는 지용, 소설에는 상허'로 그렸으니,
정지용의 당시 명성은 대단했다. 많은 문학청년이 그를 찾았을 것이고, 그래
서 이때 동주와의 만남을 정지용 선생은 기억하지 못했던 듯하다. 『하늘과 바
람과 별과 詩』 서문에서 정지용 선생은 동주를 생전에 만나지 못한 것으로 쓰
고 있다.

　　그것이 자신에겐 아쉽고 동주에겐 미안해서였을까? 정지용 선생은 매우
이례적인 형식의 서문을 쓴다. 동주의 동생 윤일주와의 문답을 그대로 인용

한 것이다. 정지용 선생은 이 대화를 통해 동주의 생전 모습을 어슴푸레하게나마 빚으려 애쓰고 있는 듯하다.

> "형님이 살았으면 몇 살인고?"
> "설흔한 살입니다."
> "죽기는?"
> "스물아홉에요."
> "연전延專을 마추고 동지사同志社에 가기는 몇 살이었던고?"
> "스물여섯 적입니다."
> "인색하진 않았나?"
> "누가 달라면 책이나 싸스나 거저 줍데다."
> "공부는?"
> "책을 보다가도 집에서나 남이 원하면 시간까지도 아끼지 않읍데다."

북아현동 안산 남쪽 산비탈을 빈틈없이 기어오르는 좁은 골목, 그 사이를 마주 보고, 맞대고, 층을 이루며 붙어 있는 수많은 집, 그곳 어디에 동주 하숙집이 있었을까? 정병욱 선생 증언에 따르면 북아현리역 철길 옆에 하숙집이 있었다지만 주소를 알 길 없다. 북아현동 동주 산책은 당시에는 서지 않았을 '북아현 맨숀'과 겨우 찾아낸 동주 하숙 시절의 적산가옥 한 채로 위안을 삼을 수밖에 없다.

동주가 연전 기숙사와 북아현동을 비롯한 몇몇 곳의 하숙을 전전하던 시절, 그는 자신을 둘러싼 외부 세계를 산책하는 것 못지않게 내면으로의 오랜 유랑도 시작했다. 그 방랑의 정신과 사상의 여행은 1939년 9월부터 1940년 12월까지의 절필로 이어진다. 중학 시절 이후 꾸준했던 동주의 시작을 생각할 때 이는 매우 예외적인 일이다.

이때 그는 신앙에도 상당한 회의를 느낀 듯하다. 그런데 그의 냉담冷淡은 당시 우리 민족이 처했던 현실과 밀접한 관련이 있다. 오랜 절필을 깬 「팔복」의 퇴고 과정을 통해 그의 당시 마음자리를 짐작해 본다. 동주는 흔히 성경에서 '팔복'이라 불리는 『마태복음』 5장 3절에서 12절까지를 자신의 처지에서 새롭게 쓴다.

마태복음 5장 3-12
슬퍼하는 자는 복이 있나니
슬퍼하는 자는 복이 있나니
슬퍼하는 자는 복이 있나니
슬퍼하는 자는 복이 있나니
슬퍼하는 자는 복이 있나니
슬퍼하는 자는 복이 있나니

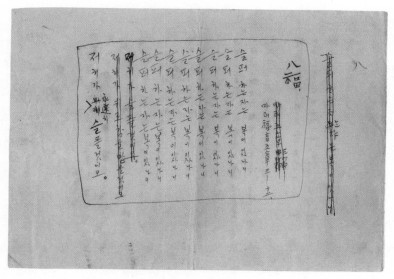

● 「팔복」 친필 원고  ⓒ연세대학교 윤동주기념관

슬퍼하는 자는 복이 있나니
슬퍼하는 자는 복이 있나니
저히가 영원히 슬플 것이오.

― 「팔복」, 1940.

---

동주는 예수가 복을 받을 것으로 전제한 여덟 유형을 단 하나 '슬퍼하는
자'로 변형한다. 그리고 여덟 가지 복은 '저히가 영원히 슬플 것이오.'로 정리
된다. 퇴고의 과정은 동주의 깊은 고뇌를 드러낸다. 먼저 '슬퍼하는 자는 복이
있나니'를 여덟 번 반복한 시인은 그 당연한 귀결로 '저히가 슬플 것이오.'로

시를 마무리한다.

그런데 그 참혹한 절망이 버거웠던 것일까? 시인은 먼저 쓴 끝 구절을 지우고 '저히가 위로함을 받을 것이오.'로 수정한다. 그러나 과연 동주가 이 시를 썼던 시대에 진정한 의미의 위로가 가능했을까? 이것을 기만이라 여겼을 시인은 단호하게 다시 고쳐 쓴다. '저히가 오래 슬플 것이오.' 늘 현실에 철저하지 못했음을 탓했던 시인은 이제 절망을 직시하려 한다. 거기에는 어떤 자기기만이나 자기 연민의 포즈는 없다. '저히가 永遠히 슬플 것이오.'

「팔복」에 이어 우리에게 가장 널리 알려진 동주의 작품, 「십자가」와 「서시」가 쓰여진다. 동주는 냉혹할 만큼 철저한 현실 인식을 통해 다음과 같은 자기희생의 다짐을 내놓는다. '행복한 예수. 그리스도에게 처럼 십자가가 허락된다면 모가지를 드리우고 꽃처럼 피어나는 피를 어두워 가는 하늘 밑에 조용히 흘리겠습니다.'

그리고 이는 곧 어떤 결핍도 없는 자기 긍정과 자존감으로 이어진다. '별을 노래하는 마음으로 모든 죽어 가는 것을 사랑해야지 그리고 나한테 주어진 길을 걸어가야겠다.' 이러한 경지는 동주 자신에게 선험적으로 주어졌던 신앙까지 의심한 동주의 철저한 자기 성찰에서 가능했다. 여기에 유약하고 신경질적인 식민지 지식인으로서의 모습은 찾아볼 수 없다.


## 진정한 내 고향과 시대의 정거장

1941년 동주는 기숙사를 나와 여러 곳의 하숙집을 전전했다. 광대한 중국 본토에서 전선戰線은 끝없이 확대되면서 전황은 늘어지고 있었다. 식민지 조선을 병참기지로 삼았던 그때 동주는 기숙사 식당에서 제대로 된 끼니조차 이을 수 없었다.

동주는 4학년 1학기 시작은 신촌에서, 2학기는 내내 북아현동 전문 하숙집

● 윤동주 하숙집 골목 끝에 보이는 것이 인왕산이다.

에서 기거했다. 그 두 시기 사이, 그러니까 1941년 5월 초에서 9월까지는 경복궁 서쪽 인왕산 자락 누상동에서 하숙했다. 누상동 두 곳의 하숙집 중 현재 '윤동주 하숙집'으로 알려진 곳은 당시 소설가 김송의 집이었다.

　누상동 시절 기록은 동주의 수필 「종시」와 함께 하숙했던 정병욱 선생의 「잊지 못할 윤동주 형」에 비교적 상세히 남아 있다. 정병욱 선생은 이렇게 썼다. "내가 평생 해낸 일 가운데 가장 보람 있고 자랑스러운 일이 무엇이냐고 묻는 이가 있다면, 나는 서슴지 않고 동주의 시를 간직했다가 세상에 알려 줄 수 있게 한 일이라고 대답할 것이다."

　아침 식사 전에는 누상동 뒷산인 인왕산 중턱까지 산책을 할 수 있었다. 세수는 산골짜기 아무데서나 할 수 있었다. 방으로 돌아와 청소를 끝내

● 수성동 계곡과 인왕산   왼쪽 하단의 돌다리는 정선의 「수성동」에도 그려져 있다.

고 조반을 마친 다음 학교로 나갔다.

겸재 정선이 「수성동」에 묘사한 공간을 거쳐 「인왕제색도」의 인왕산으로 동주와 병욱은 매일 산책했다. 누상동 하숙집 주소지를 가보면 정병욱 선생의 글을 바로 이해할 수 있다. 하숙집 터에서 100여 미터만 올라가면 수성동 계곡이 이어지고, 청계천 수원지였던 계곡을 지나면 인왕산 중턱에 닿을 수 있기 때문이다.

주변의 자연환경뿐만 아니라 함께했던 이들도 당시의 우울한 세태를 잊게 했다. 무엇보다 '마음을 주고받는 글 벗' 정병욱이 있었고, 하숙집 주인 내외와도 문학을 논하고 음악을 즐겼다. 가끔은 성악가인 김송 씨 부인의 미니 콘서트도 열렸다. 그래서였을까? 동주는 이때 대표작으로 알려질 작품 아홉 편을 쓴다.

누상동 하숙 시절은 정병욱 선생에게도 잊지 못할 추억이었으리라. 정병욱 선생은 1970년대 중반 누상동 하숙집을 다시 찾은 적이 있었다. 주인 허락을 받고 과거 하숙방이었던 방문을 열어 보았단다. 동주와 자신의 책상이 놓였던 윗목에는 어느 고등학생의 책상이 놓여 있었다. 아마 주인집 자녀의 것이었으리라. 정병욱 선생은 현재와 과거를 이렇게 엮는다.

> 그 학생의 책상머리에 꽂혀 있는 국어책에는 동주 형의 시가 실려 있을 텐데, 책 주인 고등학생은 자기가 앉아서 공부하는 바로 그 자리에서 시인 윤동주가 자기가 배우고 있는 시를 썼다는 사실을 알 까닭이 없다고 생각하니 가슴이 뿌듯해진다.

누상동 시절 동주의 등굣길은 「종시」로 확인할 수 있다. 그런데 왜 동주는 수필 제목을 일반적 용례인 '시종始終'이라고 하지 않았을까? 아마도 등굣길에 전차를 타는 효자동 전차 정류장이 '종점'이었기 때문이리라. 「종시」는 이렇게 시작된다. '종점終點이 시점始點이 된다. 다시 시점이 종점이 된다.'

효자동 전차 종점은 동주의 누상동 시절보다 10여 년 전을 배경으로 한 염상섭의 『삼대』에도 두어 차례 등장한다. 주인공 덕기의 아버지 조상훈과 홍경애가 광화문 앞 총독부전역總督府前驛 앞에 서 있는 것을 묘사한 장면에서다. 그리고 덕기의 친구 김병화가 운영하는 식료품점 '산해진'의 위치도 효자동 종점 근처다.

> 삼각산에서 내리지르는 석양 바람이 총독부 지붕 끝에서 꺾이어서 경애의 말을 휩쓸고 날아간다. (…) 전등불이 환한 전차가 효자동서 내려와 닿다가 떠난다.

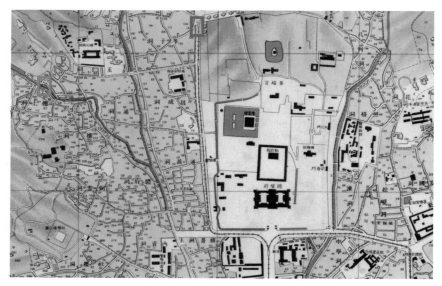

● 빨간 네모가 동주의 하숙집, 파란 네모가 효자동 전차 종점이다. 이 지도는 1927년 제작된 「京城市街圖 경성시가도」다.

전차가 효자동 종점 가까워졌을 때 덕기는 차 속에 일어서서 박람회통
에 일자로 부쩍 는 일본집들을 유심히 보았으나, 산해진이란 간판은 눈
에 아니 띄었다.

서울에 전차가 개통된 것은 1899년으로 서대문-홍릉 간을 운행했다. 홍릉
선을 제외하고 대한제국 시기 개설된 세 개 전차 노선은 도성 밖 마포와 용산
등 한양의 남서쪽에 가설되었다. 하지만 1910년 경술국치 이후 경성의 전차
노선은 일본인 거주지인 남촌을 중심으로 한양도성을 훼철하며 확장된다.
청계천 북쪽에 전차 노선이 생긴 것은 경복궁에서 열린 각종 공진회, 박람
회와 관련이 있다. 그리고 경복궁 경내로의 조선총독부 청사 이전이 결정적
동인이 된다. 지금의 광화문 광장을 관통하는 광화문선은 1917년에, 경복궁의

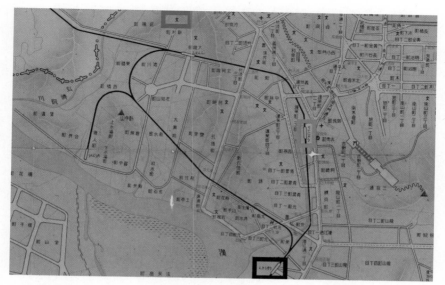

● 파란 네모가 연희전문, 빨간 네모가 경성역, 검정 네모가 용산역이다. 이 지도는 1943년 제작된 「京城案內경성안
내」다.

서쪽 담장을 따라 효자동 종점까지 이어진 통의동선은 1923년에 개통된다.

인왕산 자락의 하숙집을 나온 동주는 경복궁 쪽으로 내려와 효자동 종점에
서 전차를 탔을 것이다. 이 전차는 지금의 국립고궁박물관을 끼고 좌회전한
후 광화문 앞에서 우회전해 광화문 광장에 진입한다. 이때 동주는 당시 동양
최대의 석조건물이라던 조선총독부 청사와 광화문통에 좌우로 늘어선 일제
식민 통치 기구를 볼 수밖에 없었으리라.

현재의 세종대로사거리를 지난 전차는 계속 남하해 남대문을 통과한다. 이
때 동주는 이렇게 썼다. '나는 종점을 시점으로 바꾼다. 내가 내린 곳이 나의
종점이요, 내가 타는 곳이 나의 시점이 되는 까닭이다.' 동주의 동선만을 고려
하면 이는 추상적이고 철학적 단상이 아니다. 전차의 종점이자 기차의 시점
인 경성역, 지금의 서울역에 도착했음을 말한 것이다.

「종시」에서 동주는 전차 승객과 기차 승객의 차이를 이야기하기도 하고 남대문을 지난 후에는 분명하게 '기차'를 탔다고 쓰고 있다. 동주가 탄 기차는 경성과 신의주를 잇는 경의선 노선 중 용산선이었다. 원래 용산선은 용산-효창-공덕-서강 등 한강을 따라 경의선 본선으로 이어졌다. 그러다 1919년 도심에서 경의선을 쉽게 이용하기 위해 용산-남대문역(경성역)-신촌을 경유해 경의선 본선으로 연결되는 신용산선이 추가로 부설된다.

그럼 동주는 어떤 역에서 하차했을까? 당연히 연전에서 가장 가까운 역에 내렸을 것이다. 경의선 용산선상에서 연희전문 정문과 가장 가까운 역은 연희역이다. 현재 驛舍역사가 원형대로 보존된 신촌역이 아니다. 연희역은 연세대 정문에서 남쪽을 바라보았을 때 오른쪽 철둑 인근에 있었다. 그곳에 철로가 있었음은 둥그렇게 휘어져 서강역, 지금의 서강대역 부근으로 연결되는 신촌로9길을 통해 확인할 수 있다.

이상의 동주 등굣길에 고개를 갸우뚱할 이들이 많을 것이다. 현재 누상동에서 연세대학교를 가는 최단 거리는 이 동선이 아니기 때문이다. 지금은 사직공원 앞을 지나 사직터널-독립문 고가차도-금화터널을 통과하면 쉽고 빠르게 연세대에 갈 수 있다. 하지만 이 길은 1970년대에야 개통되었다.

「종시」에 동주가 등굣길에 통과했던 터널 이야기가 나오긴 한다. 터널 공사장 일꾼들이 '도락구'에 '신경행', '북경행' 등을 써 붙인 것이다. 비참하고 창백한 조선인이 현실의 참혹함을 상상으로라도 위무하는 장면은 겉으론 희극이되 내밀하겐 비극 그 자체다.

동주가 일하는 인부를 보았다는 곳은 아현터널과 의영터널 사이, 지금은 사라진 아현리역 부근이다. 우리나라 최초의 기차 터널인 아현터널과 의영터널은 1904년 만들어졌는데, 1941년 당시에는 복선화 공사 중이었다. 경성역에서 연희역으로 갈 때 먼저 만나는 것이 아현터널이고 다음이 의영터널이다.

- 1933년 다시 제작된 「경성시가도」에 아현리역阿峴里驛과 아현터널이 보인다. 아래 사진은 아현터널 위에서 의영터널을 찍은 것으로 두 터널 사이에 아현리역이 있었다.

내 차에도 신경행, 북경행, 남경행을 달고 싶다. 세계일주행이라고 달고
싶다. 아니 그보다도 진정한 내 고향이 있다면 고향행을 달겠다. 다음 도착
하여야 할 시대의 정거장이 있다면 더 좋다.

기차가 캄캄한 터널로 진입하자 동주의 시선도 내면으로 향한다. 동주는
왜 멀쩡한 북간도 명동 고향을 두고 '진정한 내 고향'을 바랐을까? 동주가 갈

망한 고향은 어떤 공간이 아니라 상황의 극적 전환이었을까? 동주는 '시대의 정거장'에서 '시대처럼 올 아침'을 맞고 싶었던 것일까? 동주의 등굣길이 서럽다.

## 상처받은 이 땅의 젊은 정신, 보헤미안

하교 후 동주는 어디로 향했을까? 정병욱 선생 기록에 따르면 두 사람은 모던 보이로서 부족하지 않다. 학생답게 먼저 여러 서점을 순례하고 영화 관람도 했으며 가끔은 청요리에 술도 한잔했다. 누상동 시절은 낮이 가장 긴 시기여서 그렇게 하고도 아주 캄캄하지 않은 때 하숙집에 들어갈 수 있었던가 보다.

> 하학 후에는 기차편을 이용했었고, 한국은행 앞까지 전차로 들어와 충무로 책방들을 순방하였다. 至誠堂지성당, 日韓書房일한서방, 마루젠丸善, 群書堂군서당 등 신간 서점과 고서점을 돌고 나면 '후유노야도冬宿'나 '南風莊남풍장'이란 음악다방에 들러 음악을 즐기면서 우선 새로 산 책을 들춰 보기도 했다. 오늘 길에 '明治座명치좌'에 재미있는 프로가 있으면 영화를 보기도 했었다.

당시 충무로는 행정구역상 본정本町, 혼마치였는데, '경성의 긴자'로 불리는 최대 번화가였다. 현재 명동 중앙우체국 오른쪽 골목이 본정의 시작이었다. 「대경성부대관」과 『대경성도시대관』을 통해 일한서방과 지성당 위치를 확인할 수 있다. 동주는 경성우편국 오른쪽 길 혼마치로 들어서 먼저 일한서방에 들르고, 다음으로 지성당을 구경했을 것이다.

일한서방은 현재의 명동8가길에 위치하며 1937년 발간된 『대경성도시대관』에 '한일합방 이전에 창업한 경성의 노포'로 소개돼 있다. 신간서적, 잡지,

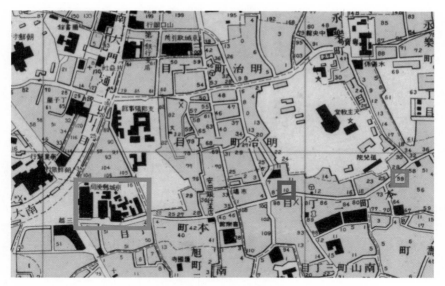

● 녹색 네모가 경성우편국, 파란 네모가 일한서방, 빨간 네모가 지성당이다.

교과서 등을 도매 취급했고 인천에 지점이 있었다. 지성당은 1914년 개업했고 일한서방과 마찬가지로 서적과 신간 잡지를 판매했다.

동주의 발자취가 남은 곳 중 현재 우리에게 익숙한 곳은 명치좌, 지금의 명동예술극장이다. 남풍장南風莊은 당시 신문에 '명치정 빠'로 소개되었다. 1939년 6월 『동아일보』 기사에 따르면 이곳에서 극단 '綜合藝術座종합예술좌'가 결성되었다고 하니 문화 예술인이 자주 모이던 공간인 듯하다.

후유노야도에는 매우 흥미로운 이야기가 전한다. 이곳의 원래 이름은 '휘가로'였는데 태평양전쟁이 발발하자, 적성국 상호라고 금지해 '후유노야도'로 바꾸었다는 것이다. 이곳은 클래식만을 연주하고 들려주는 전문 음악다방이었다.

1930년대 후반 이곳에서 한 사건이 있었다. 다방에 모인 젊은이들이 레코

● 일한서방과 지성당

드에서 흘러나오는 노래를 종일 합창한 것이다. 프랑스 샹송 가수 다미아의 「글루미 선데이」였다. '명동백작' 이봉구 선생의 「문학적 산보」에는 이때의 일이 선명하게 기록돼 있다.

> 1938년경, 우리는 명동의 '휘가로'에서 다미아의 샹송을 처음 듣고 흥분했다. 진종일 비가 쏟아지는 어두운 날 흐느껴 울부짖는 듯한 다미아의 노래는 고전음악 감상에 점잔을 빼고 있던 나를 완전히 흔들어 버리고 말았다. 더욱이 다미아의 '글루미 선데이'는 무서운 노래였다. '글루미 선데이'는 첫 줄부터 상처받은 이 땅의 젊은 정신, 보헤미안들을 사정없이 매혹케 하였다. 아침부터 밤중까지 이 노래만 연속해 듣고 함께 소리쳐 불렀다.

1938년이면 동주가 서울에 온 첫해다. 연전 기숙사에 있었으니 휘가로의

● 『경향신문』 1947년 2월 13일자 기사에는 茶房차방의 茶를 芳
방으로 잘못 적었다.

글루미 선데이 합창 사건을 듣지 못했을 수 있다. 그러나 1941년 동주가 명동
을 찾았을 때 후유노야노에서 휘가로 시절을 듣지 않았을까? 동주와 병욱 또
한 '상처받은 이 땅의 젊은 정신'이 아니던가, '글루미 에브리데이'에서 벗어
나고 싶은 식민지 청년 아니었던가.

　명동 인근에서 꼭 확인해야 할 장소가 한 곳 더 있다. 1947년 2월 16일, 윤
동주 2주기 추도회가 열린 소공동 플라워 회관이다. 이때 3주기 전에 유고 시
집을 발간하자는 결의가 이루어진다. 그런데 이곳의 위치를 확인하기가 무척
어렵다.

　정병욱 선생은 1976년 『나라사랑』에 발표한 글에서 이곳을 '플라워 회관'
이라고 표기했다. 하지만 추도회가 열린 당시 신문기사에는 'flower'를 '푸라
워', '푸로워', '풀라워'로 표기했다. 그리고 당시에는 이곳을 '회관' 대신 '다
방'이라고 불렀다. 그러니까 '플라워 회관'은 '푸라워/푸로워/풀라워 다방'으
로 당시 기사에 보인다. 동주 2주기 추도회를 공지한 『경향신문』 1947년 2월
13일 기사도 '풀라워 다방'으로 표기했다. 한 화가의 묘사는 당시 이곳의 분위
기를 짐작게 한다.

푸라워는 주로 문인들이 있었어. 서정주가 있었는데 항상 문간에 앉아 있었지. 푸라워 다방엔 벽화가 있었어. 거기 가면 틀림없이 조지훈이 벽에 기대 있는 거야. 안경이 흘러내리니까 늘 턱을 치켜들고 벽화처럼 앉아 있어서 '푸라워 벽화'라고 불렀어. 박목월은 늘 부엌 쪽에 있었고 구상도 자주 왔어.

이곳은 동주 추도회를 주도한 강처중과 정지용 선생이 근무한 경향신문사 인근이기도 했다. 해방 직후 경향신문사 사옥은 소공동에 있었다. 이곳은 한국 현대시사 100년에 기념비적인 시집 출판기념회가 다수 열린 곳으로도 유명하다. 대표적인 것이 1946년 조지훈, 박목월, 박두진의 『청록집』과 1948년 서정주의 『귀촉도』 출판기념회다.

그런데 『청록집』 출판기념회를 회고한 박목월의 글에는 영문 이니셜도 적은 문인이 한 명 있다. 출판기념회에 마땅히 참석해야 하나 그러지 못한 작가 '우리들을 추천한 C씨'다. 그는 정지용 선생이다. 박목월, 박두진, 조지훈 세 명 모두 『문장』을 통해 정지용 선생의 추천을 받아 등단했다.

박목월 선생은 이렇게 썼다. "스승격인 C씨만이 태도를 달리한 것이다. 가슴 아픈 일이었다." 이때부터 문학계도 좌우익으로 갈려 반목과 갈등을 빚었던 것이다. 그것이야말로 가슴 아픈 일이다.

동주와 병욱의 발걸음은 때로 청계천을 건너 관훈동까지 이어졌다. 관훈동은 지금의 인사동 문화의 거리인데 이곳은 한국전쟁 전후 20여 곳의 출판사와 서점이 밀집한 출판 중심지였다. 동주가 들렀을 관훈동 서점은 어디일까?

이곳에 동주가 발길 했을 1941년부터 같은 자리를 지키고 있는 서점이 있을까? 딱 한 곳 있다. 1934년 금항당으로 시작해 해방되던 해 상호는 바뀠지만 지금도 고서와 희귀본 전문서점으로 건재한 통문관이다. 인사동 문화의 거리 북쪽 끄트머리에 위치한 이곳은 동주의 관훈동 서점 순례의 마무리였으

● 통문관

리라.

　동주와 병욱은 아침 산책뿐만 아니라 저녁 산책도 나섰을 것이다. 5월 말에서 9월 말까지 누상동에서 하숙했으니 하교 후 바로 하숙집으로 왔을 때는 저녁을 먹고도 산책 시간이 있었을 것이다. 정병욱 선생 증언에 따르면 인왕산에 오른 동주는 자주 이렇게 말했단다. "남산에서 내려다보는 서울보다는 인왕산에서 내려다보는 서울이 훨씬 아름답지 않아요?"

　당시에는 수성동 계곡에서 창의문까지 이어지는 인왕산 자락길이 없었다. 그러니 두 사람이 현재 그 길 끝에 조성된 윤동주문학관과 '시인의 언덕'까지 산책했을 것 같진 않다. 하지만 나는 서울 동주 답사로서 이 길을 포기할 수 없다. 동주와 함께 매일 아침을 맞았을 백악과 목멱이 여전한 것을, 이 길을 걸을 때 절감하기 때문이다.

● 인왕산 자락길 '無無臺무무대'에서의 일출이다.

　문학관 뒤편을 어떤 연유로 '시인의 언덕'으로 명명했는지는 모르겠다. 시인 동주를 기리는 문학관이 선 언덕이라고 이해해도 큰 무리는 없겠다. 다만 동주의 모교 연세대학교에 첫 시비가 세워졌을 때 정병욱 선생은 그곳이 '시인 윤동주의 언덕'으로 불리길 소망했다는 사실을 밝혀 둔다.

　시인의 언덕에는 여느 곳과 같이 「서시」 시비가 서 있다. 이곳은 맑은 하늘 아래 서울을 굽어보는 자리지만 이 작품을 쓸 당시 동주 마음자리는 그렇지 못했다. 졸업 기념 시집 발간은 성사되지 못했고 졸업 후 진로에 대한 고민도 정리되지 않았다.

　다행스럽게도 당시 동주가 참혹하고 참담하기만 했던 건 아닌 것 같다. 그를 격려하고 위로했던 기록이 남아 있기 때문이다. 후배 정병욱이 선배의 졸

● 동주가 인왕산에서 내려다보던 서울을 상상하며 촬영했다.

업을 축하하며 선물한 책에 쓴 시조 두 수다. 태평양전쟁이 발발했음에도 일본으로 떠나는 '언니'를 위하는 후배의 염려와 안타까움이다.

언니가 떠난다니 마음을랑 두고가오
바람곧 信신있으니 언제다시 못보랴만
이깃븜 저시름에 언니없어 어이할고.


저 언니 마음에사 冬柏동백꽃 피연지고
冬柏꽃 피온고장 내 故鄕고향이 아닌가
몸이야 떠나신들 꽃이야 잊을소냐.

● 시인의 언덕 동주 시비

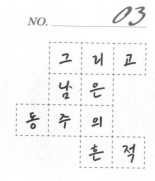

## 단풍잎 같은 슬픈 가을

연전 시절 동주는 문학과만 사귀었을까, 마음에 품은 여학생은 없었을까? 동주의 연애와 관련해 주목되는 증언은 세 가지다. 먼저 동생 윤일주 교수의 기록이 있다. 그런데 그가 동주와 혈족이긴 하나 연전 시절을 함께 보낸 것은 아니니 오히려 연애와 같은 내밀한 일에는 더 어두웠을 수 있다. 그래서 정지용 선생과 이런 대화를 나누게 된다.

"무슨 연애 같은 것이나 있었나?"
"하도 말이 없어서 모릅니다."

● 맨 뒷줄 오른쪽 첫 번째가 동주고, 왼쪽에서 일곱 번째가 정병욱 선생이다. 현재는 한 층을 증축해 두 건물이 얼핏 달리 보인다.

하지만 후배이자 문우인 정병욱 선생의 증언은 다르다. 누상동 하숙 시절을 끝내고 두 사람은 북아현동의 전문 하숙집에 든다. 그런데 이곳에 하숙을 정한 다른 이유가 있었다. 동주가 마음에 두고 있는 여학생이 북아현동에 살았기 때문이라는 것이다.

동주 아버지의 친구가 당시 북아현동에 살고 있었고, '지사志士'인 그분을 동주는 무척 존경해 댁에도 종종 놀러 갔단다. 그분의 딸이 당시 이화여전에 다녔는데, 두 사람이 드러내 놓고 연애를 한 건 아니지만 정서적 교류가 없었던 건 아니라는 짐작이다. 함께 협성교회에 나갔고 바이블 클래스에도 같이 참석했다는 것이다.

그러나 내가 아는 한으로는 동주 형과 그 여학생이 밖에서 만난 일은 없었다. 매일 같은 기차역에서 기차를 기다렸고 같은 차로 통학했으며, 교회와 바이블 클래스에서 서로 건너다보는 정도에서 그쳤지마는 오가는 눈길에서 서로 마음만은 주고받았는지 모를 일이라 하겠다.

정병욱 선생은 "그 여자에 대한 감정이 결코 평범하지 않았다는 것만은 피부로 느낄 수 있었다."고 증언하고 있다. 두 사람이 말은 아니지만 맘은 주고받았을지 모를 협성교회는 그럼 어디에 있을까? 연희전문과 이화여전 학생들로 이루어진 협성교회는 따로 예배당이 없었다. 그래서 이화여전 음악관 강당을 빌려 예배를 드렸다. 바이블 클래스를 지도한 이는 연희전문 교수 케이블의 부인이니 이곳은 두 학교의 합동 교회 격이었다.

이화학당에서 시작된 이화여전은 1935년 현재의 신촌 캠퍼스로 이전한다. 이때 준공된 건물이 본관, 음악관, 체육관이다. 현재 대학원관으로 사용되는 음악관에는 1, 2층에 걸쳐 강당이 있었는데, 건축 비용을 기증한 에머슨 부인의 이름을 따 에머슨 채플이라고 불렸다. 이곳이 동주와 그녀가 함께 예배를 드린 곳이다.

정병욱 선생은 훗날 남긴 글에서 동주를 이렇게 평가한 적이 있다. "소박한 덕성, 화사한 지성, 불굴의 의지를 갖춘 외유내강". 소박한 덕성은 소극적인 성격을 말한 것일까? 불굴의 의지를 갖고 있다던 동주는 연애에서만은 젬병이었던 것일까?

그러나 동주는 역시 시인이었다. 시 안에서 그는 대담했다. '사랑', '암사슴', '청춘' 등의 단어도 낯설지 않다. '순' 혹은 '순이'는 동주 시에 세 번 등장한다. 첫 번째 작품은 「사랑의 전당」으로 1938년에, 「소년」과 「눈오는 지도」는 1939년에 쓰였다. 물론 이 작품이 오로지 연애시로만 읽혀야 하고, 순과 순이가 꼭 동주가 연모했던 여학생이라는 말은 아니다. 그렇게도 읽어 보자는 뜻이다.

「사랑의 전당」에서 '우리들의 사랑은 한낱 벙어리였다.'고 탄식한 동주는 「소년」에서는 '아름다운 순이의 얼굴이 어린다.'고 고백한다. 그러다 「눈오는 지도」에서 '순이가 떠난다는 아침에 말 못 할 마음으로 함박눈이 나려, 슬픈 것처럼 창밖에 아득히 깔린 지도 위에 덮힌다.'고 이별을 확인한다.

시인은 이제 상상으로 순이를 좇는다. '네 쪼고만 발자욱을 눈이 자꾸 나려 덮혀 따라갈 수도 없다. 눈이 녹으면 남은 발자욱 자리마다 꽃이 피리니 꽃 사이로 발자욱을 찾아 나서면 일년 열두 달 하냥 내 마음에는 눈이 나리리라.' 겨울에 순이가 떠났기에 가을 낙엽 또한 '슬픈 가을'처럼 떨어진다.

여기저기서 단풍잎 같은 슬픈 가을이 뚝뚝 떨어진다. 단풍잎 떨어져 나온 자리마다 봄을 마련해 놓고 나뭇가지 위에 하늘이 펼쳐 있다. 가만히 하늘을 들여다보려면 눈썹에 파란 물감이 든다. 두 손으로 따뜻한 볼을 쓸어 보면 손바닥에도 파란 물감이 묻어난다. 다시 손바닥을 들여다본다. 손금에는 맑은 강물이 흐르고, 맑은 강물이 흐르고, 강물 속에는 사랑처럼 슬픈 얼굴— 아름다운 순이의 얼굴이 어린다. 소년은 황홀히 눈을 감아 본다. 그래도 맑은 강물은 흘러 사랑처럼 슬픈 얼굴— 아름다운 순이의 얼굴은 어린다.

— 「소년」, 1939.

동주 연애에 관한 마지막 증언은 『하늘과 바람과 별과 詩』 발문에 등장한다. "그는 한 여성을 사랑하였다. 그러나 이 사랑을 그 여성에게도 친구들에게도 끝내 고백하지 안했다." 이 글을 쓴 이는 일본 유학 시절 동주가 쓴 다섯 편의 시와, 유고 시집에 수록된 13편의 시와, 동주의 연전 졸업앨범을 포함한 유품을 소중히 간직했다 유족에게 전해 준 연전 동기 강처중이니, 믿을 만하지 않을까.

## 식민지 평양과 분단의 평양

동주는 1917년 12월 30일 태어나 1945년 2월 16일 세상을 떠났다. 28년을 못 채웠으니 긴 생애랄 수 없다. 하지만 동주가 누렸던 시간에 비하면 동주가 발 디딘 공간은 결코 빈약하거나 왜소하지 않다. 다행히 우리는 그 대부분을 가 볼 수 있다.

고향 명동과 중학을 다녔던 룽징은 중국과 수교가 된 이후 언제라도 가볼 수 있다. 연희전문 4년 동안의 서울은 가장 쉽게 답사할 수 있는 공간이다. 유 학했던 도쿄와 교토, 생의 마지막을 갇혀 지낸 후쿠오카도 다녀오기에 그리 부담스럽지 않다. 그러나 단 한 곳, 지금으로선 우리가 갈 수 없는 동주의 공 간이 있다. 평양이다.

평생 학생으로 살았던 동주가 가장 짧은 학창 시절을 보낸 곳이 평양이다. 은진중학에서 4학년 1학기를 마친 동주는 숭실중학 3학년 2학기로 편입한다. 명동학교와 은진중학에 이어 함께 공부한 문익환 목사의 증언에 따르면 숭실 중학 시절이 동주의 '문학에의 의욕이 가장 고조'된 시기였단다.

그 근거 중 하나로 문익환 목사가 증언한 것이 백석 시집 『사슴』을 도서관 에서 온종일 걸려 베껴 낸 일이다. 100부 한정판 『사슴』을 구할 수 없었던 동 주는 아예 시집 전체를 필사한 것이다. 동주는 단순히 베끼기만 한 게 아니다. 매우 꼼꼼하게 백석의 시를 읽었다. 「모닥불」 끝에 동주는 붉은 색연필로 '傑 作걸작이다.'라고 메모했고, 「秋日山朝추일산조」 1연 끝에는 '좋은 句節구절'이라 고 썼다.

동주의 숭실중학 시절은 한 장의 사진으로도 남는다. 역시 문익환 목사가 이 사진에 담긴 흥미로운 에피소드를 소개한다. 자신과 동주가 모자를 바꿔 쓰고 사진을 찍었다는 것이다. 당시 모자는 기성품이 아니라 각자 맞추었다. 그런데 모자가 반듯하게 만들어지지 않자 동주가 자신의 모자를 탐내더란다.

평소 물욕이 전혀 없던 동주가 그러니 문 목사는 호떡 한 접시를 얻어먹고

● 뒷줄 오른쪽이 동주, 가운데가 문익환 목사다. ⓒ문익환 통일의 집

자신의 것을 동주 모자와 바꾸었다는 것이다. 은진중학 시절 익환보다 성적
이 좋았던 동주가 숭실중학 편입 때 좋지 않은 성적을 받자 의기소침했다 애
꿎은 모자에 불퉁을 터트린 것일까, 아니면 언제나 깔끔했던 동주가 후줄근
한 모자를 못내 못마땅해했던 것일까?

　동주는 숭실중학을 졸업하지 못했다. 신사참배 문제로 학교가 자진 폐교했
기 때문이다. 숭실중학에서 동주와 같은 반이었던 김두찬은 이때를 증언하고
있다. 평양신궁 참배를 위해 계단을 올라가다 학생장의 호령 한마디에 참배
를 거부하고 내려왔다는 이야기, 숭실중학 조지 맥퀸 교장의 파면에 학생들
이 데모할 때 진압하던 일제 경찰을 혼쭐냈던 이야기 다음에 이런 내용이 이

● 『崇實活泉숭실활천』 표지에 소화10년(1935) 10월 30일 발행했다는 기록이 보인다. ©숭실고등학교

어진다.

신사참배 거부와 함께 잊지 못할 것은 매년 3월 1일의 뭉클한 광경이다. 3월 1일은 몽매에도 잊지 못할 3·1절이었지만 일제가 정한 이른바 애국일(신사참배일)이기도 했다. 숭실학교 학생들은 3월 1일이 되면 모두 교실의 자기 책상 위에 머리를 수그리고 하루 종일 꼼짝도 하지 않은 채 앉아 침묵시위를 벌였다. 일본인 교사들은 물론 한국인 교사들도 이 숙연한 광경에 압도되어 말 한마디 못 하고 그냥 나가곤 했다.

당시 동주의 심경을 짐작할 만한 시 한 편이 있다. '1936.3 平. 想'이라는 메모가 있는 「종달새」다. '1936년 3월 평양에서 구상했다.' 정도의 뜻이겠다.

● 『숭실활천』에 실린 동주의 시 「空想」

이 시는 이렇게 끝을 맺는다. '오늘도 구멍 뚫린 구두를 끌고 훌렁훌렁 뒷거리 길로 고기새끼 같은 나는 헤매나니, 나래와 노래가 없음인가 가슴이 답답하구나'. '나래'가 '나라'로 읽힘은 어쩐 일인가.

동주의 길지 않은 평양 시절을 주목하는 이유가 있다. 동주의 시가 처음으로 활자화되었기 때문이다. 1935년 10월 발간된 『崇實活泉숭실활천』에 동주의 시 「공상空想」이 실린 것이다.

문익환 목사는 훗날 '통일운동의 아버지'로서 다시 평양을 방문한다. 그는 평양에서 동주와 함께 공부했던 때를 떠올렸을까? 평양 순안공항 도착 후 첫 일정이 「서시」 낭독이었다. 수십 년을 갈라져 살아온 남북한 사람들이라도 동주의 시만큼은 기꺼이 공유할 수 있으리라는 믿음 때문이었을 것이다.

문익환 목사의 퍼포먼스 때문인지 몰라도 1994년 『문예상식』이라는 잡지

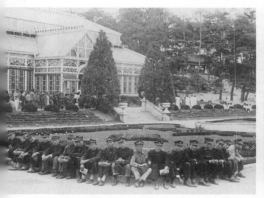

● 오른쪽 네 번째가 동주고 아홉 번째가 몽규다. ⓒ연세대박물관

에 북한 최초로 동주의 생애와 작품 세계가 소개된다. 이후 '자기 시에서 노래한 대로 죽는 날까지 한 점 부끄럼 없이 산 애국적 저항시인', '비운에 찬 조국의 운명을 걱정하면서 참된 삶을 갈망하고 그 길에서 투지를 가다듬은 애국적 시인의 한 사람' 등으로 북녘 동포들에게도 평가받는다.


## 창경원과 서울 어느 쪼그만 정거장

동주를 따라 걸었던 서울 산책은 이제 두 곳을 남겨 두고 있다. 그런데 모두 뜻밖의 공간이다. 교토 편에서 지나치듯 이야기한 적이 있는데, 동주는 연전 친구들과 함께 창경궁에 놀러 간 적이 있다. 그리고 사진 한 장이 남았다. 식물원 앞에서 단체 사진을 찍은 것이다.

그런데 왜 창경궁에 철제 구조와 유리벽으로 된 식물원이 있을까? 등록문화재 제83호 '대온실'은 언제 세워진 것일까? 도쿄 이야기 때 언급한 것처럼 조선 초대 통감 이토 히로부미에 의해 창경궁은 오랫동안 그 이름을 잃고 창

● 서울역 「사랑스런 추억」

경'원'으로 전락했다.

그럼 왜 하필 창경궁을 공원화했는가? 경복궁은 너무 컸고 경희궁은 당시에도 이미 상당히 훼철되어 있었기 때문이다. 경운궁, 지금의 덕수궁에는 폐위된 고종이 거처했다. 이 무렵 순종이 창덕궁으로 이어하면서 '새로운 생활이 즐거우시도록 모든 시설과 설비'를 한다는 명목으로 창경궁을 박물관, 동물원, 식물원 건립지로 결정한 것이다.

동주의 장조카 윤인석 교수는 건축학과 교수로서 이 식물원 본관 구조를 꼼꼼하게 감리한 적이 있다고 했다. 큰아버지와의 인연이 그렇게라도 이어진 걸 기쁘게 생각한다고 말씀하셨다.

나머지 한 곳도 윤인석 교수를 통해 알게 되었다. 서울역에 동주의 시가 '설치'돼 있다는 것이다. 모 기업이 서울역에 백화점을 개발하면서 동주의 시

중 여행 관련 시를 시각장애인용 모자이크 점자블록으로 설치하겠다는 아이디어를 냈고 자신에게 작품 사용 승낙을 받았다는 것이다.

지방 강연차 서울역에 갈 때마다 나는 이곳 구석구석을 뒤졌다. 하지만 그 어느 곳에도 안내판은 없었다. 이런 뜻깊은 기획을 모르는 시민들에게 점자블록은 보도블록일 뿐이다. 여행의 설렘을 동주의 시로 증폭시킬 기회를 잃어버리는 건 너무 아쉽다.

서울역, 연전 재학 시절 경성역은 동주와도 인연이 깊다. 4개월여의 누상동 하숙 시절 동주는 이곳을 전차의 종점, 기차의 시점 삼아 등교를 했다. 그러니 동주의 시가 서울역에 새겨진 건 이상할 게 없다. 다만 점자로 쓰여 있다는 「사랑스런 추억」의 '서울 어느 쪼그만 정거장'은 당시 경성역이 아니라 연희역이었을 가능성이 더 높음을 덧붙여 둔다.

● 동주의 삶이 궁금하다면

송우혜, 『윤동주 평전』, 서정시학
외솔회, 「나라사랑」, 제23집
다고 기치로, 『생명의 시인 윤동주』, 한울
안소영, 『시인 동주』, 창비
문익환, 『문익환 평전』 6권, 사계절
오무라 마스오, 『오무라 마스오 문학 앨범』, 소명출판
정병욱, 『바람을 부비고 서 있는 말들』, 집문당
리광인, 박용일, 『송몽규 평전』, 연변대학출판사
오무라 마스오, 「윤동주의 사적 조사 보고」


● 동주의 작품이 궁금하다면

윤인석 외 엮음, 『사진판 윤동주 자필 시고전집』, 민음사
김응교, 『나무가 있다』, arte
김응교, 『처럼, 시로 만나는 윤동주』, 문학동네
윤동주, 윤일주, 『민들레 피리』, 창비

● 동주의 문학 세계가 궁금하다면

이남호, 『윤동주 시의 이해』, 고려대학교 출판부
권영민, 『윤동주 연구』, 문학사상
권오만, 『윤동주 시 깊이 읽기』, 소명출판
오무라 마스오, 『윤동주와 한국문학』, 소명출판
이상섭, 『윤동주 자세히 읽기』, 한국문화사


● 동주의 시대가 궁금하다면

문영미 편, 『기린갑이와 고만녜의 꿈』, 삼인
김형수, 『문익환 평전』, 다산책방
방민호, 『서울 문학 기행』, arte
이바라기 노리코, 『한글로의 여행』, 뜨인돌
김종혁, 『일제시기 한국 철도망의 확산과 지역구조의 변동』, 선인
엔도오 슈우사꾸, 『바다와 독약』, 창비
『「대경성부대관」과 「대경성도시대관」으로 보는 경성 상점가』, 서울역사박물관
『서울의 전차』, 서울역사박물관

# 동주, 걷다

초판 1쇄 인쇄 2020년 12월 24일
초판 2쇄 발행 2021년  6월 30일

지은이 | 김태빈
발행인 | 이선애

디자인 | 채민지
교  정 | 박지선

발행처 | 도서출판 레드우드
출판신고 | 2014년 07월 10일(제25100-2019-000033호)
주소 | 서울시 구로구 항동로 72, 하버라인 402동 901호
전화 | 070-8804-1030        팩스 | 0504-493-4078
이메일 | redwoods88@naver.com
블로그 | blog.naver.com/redwoods88

값은 뒤표지에 있습니다.
ISBN 979-11-87705-24-6 (03910)

ⓒ 김태빈, 2020

이 도서는 한국출판문화산업진흥원의 '2020년 출판콘텐츠 창작 지원 사업'의 일환으로
국민체육진흥기금을 지원받아 제작되었습니다.

+ 저작권법에 의해 한국 내에서 보호를 받는 저작물이므로 무단 전재와 무단 복제를 금합니다.
   이 책의 전부 또는 일부를 이용하려면 반드시 저작권자와 도서출판 레드우드의 서면 동의를 받아야 합니다.
+ 당신의 상상이 한 권의 소중한 책이 됩니다.
   지혜를 나눌 분은 원고와 아이디어를 redwoods88@naver.com으로 보내 주세요.